AF178674

Ein Bild muss mit demselben Gefühl gemalt werden, mit der ein Verbrecher seine Tat ausführt

Edgar Degas

Dr. Hans A. Poignee

Betrüger und Hochstapler

Satiren   Band 1 und 2

Erweiterte Neuauflage mit neuen Tricks, humorvoll aufgedeckt

Druck und Distribution im Auftrag des Autors
tredition GmbH, Halenreie 40-44, 22359 Hamburg, Deutschlandl

ISBN Paperback ISBN Paperback

Inhalt

5

Teil 1

Grundlagen im Alltag

Moral ist, was man vergessen kann.

Heute kann man die Zeitung nicht mehr aufschlagen, ohne von Hochstaplern und Betrügern zu lesen. Das Fernsehen bringt uns ihre neuesten Tricks hochaktuell ins Haus. Jeder kennt ihre Namen, klangvolle und ruhmvolle darunter - nur keiner nennt sie das, was sie im Innersten sind: eben Betrüger und Hochstapler. Was das Strafrecht unter Betrug und Hochstapelei fasst, ist so eng umschrieben, dass damit nur diejenigen dingfest gemacht werden, die noch das ehrbare Gewerbe des Betrügers auf unterster Ebene ausführen: der bescheidene Bauernfänger, der liebenswerte Bigamist oder der kleinkarierte Trickbetrüger.

Doch diesem ehrenwerten Kleinkünstler-Volk gebührt die Ehre, alle die Prinzipien ordentlicher Geschäftsführung begründet zu haben, die heute noch vom Vater auf den Sohn, vom Komplizen zum Komplizen oder vom Steuerberater auf den Klienten übertragen werden. So gilt denn mein Dank denen, die dieses Buch erst ermöglicht haben: dem Dutzend kleiner Betrüger, denen ich begegnen durfte.

1. Warum ein Finger besser ist als eine Hand

Der Betrüger und Hochstapler ist kein Langfinger. Nur Proleten und anderes ungebildetes Volk sind darauf angewiesen, die Fingerfertigkeit so weit zu trainieren, dass sie eine Brieftasche bei einem versehentlichen Zusammenstoß auf der Straße aus der Innentasche des Jacketts ziehen können. Dieses Gesindel lässt sich dazu herab, alten Damen wegen hundert Euro ihre Handtasche zu entreißen oder harmlose Bankbeamte mit gefährlichen Geräten zu bedrohen wegen lächerlichen zwanzigtausend Euro. Mehr liegt in der Regel nicht in der Handkasse.

Auch der Betrüger und Hochstapler gebraucht seine Finger. Aber nur dazu, andere Menschen um dieselben zu wickeln. Außerdem bestechen beide, also z.B. Bankangestellte und Betrüger, durch ein gepflegtes Äußeres und beste Manieren.

Heute gibt es nur noch wenige Berufsgruppen, bei denen es einen Dresscode gibt. Dazu gehören Richter, Anwälte, Priester, Polizisten und Bankangestellte.

Wie komme ich bloß auf Banken?

Bertolt Brecht fragte: „Was ist der Einbruch in eine Bank gegen den Besitz einer Bank?" Sehr klug hat der ansonsten für Betrüger unbrauchbare Autor erkannt, dass sich durch die betrügerische Gründung einer sogenannten Bank wesentlich mehr Geld verdienen lässt als durch das Plündern der Tageskasse.

Bankangestellte werden zur Tarnung zum Tragen dezenter Kleidung aufgefordert, damit das Vertrauen in die Einrichtung hergestellt wird. Gelingt es nun dem Bankgründer und seiner wohlgekleideten Kumpanei, sie dazu zu bringen, ihnen ihr Geld anzuvertrauen, so eröffnen sich vielerlei Möglichkeiten, dieses Geld zu vervielfältigen. Er kann zum Beispiel die Kontoführungsgebühren erhöhen und auch die Kreditzinsen, wenn das nicht vertraglich ausgeschlossen ist. Noch sinnvoller ist es für die Bank natürlich, „ihr" Geld in wesentlich ertragreiche Aktien oder in den Devisenhandel zu stecken, es für deutlich mehr Geld weiter zu verleihen und viele andere schöne Dinge.

Übernehmen Sie das Prinzip: machen Sie immer einen gepflegten Eindruck, wir nennen dies das **Image-Prinzip**. Je mehr Geld Sie herausholen wollen, desto mehr sollten Sie in Kleidung, Parfum (möglichst unaufdringlich, Vorschlag: Lagerfeld, Gucci), eventuell auch in ein Fahrzeug investieren. Wenn Sie kein Büro haben, dann empfiehlt sich zumindest Telefon, Anrufbeantworter und Briefkasten, wahlweise Postfach.

Neben dieser Grundausstattung sollten Sie vor allem aber Ihre Wahrnehmung trainieren, denn nur, wer die unterschiedlichsten Menschen kennen gelernt hat, wird verstehen, sie um besagten Finger zu wickeln. Seien Sie vor allem ein guter Zuhörer und Erzähler. Widerspricht sich das? Keineswegs! Wenden Sie zuerst einmal die klientenzentrierte Gesprächsführung nach Rogers an. Ermuntern Sie durch Kopfnicken, Lächeln, Rückfragen und direkte Aufforderungen: „Erzählen Sie mehr davon, wie interessant!" Ihren Gesprächs-partner dazu, über sich und sein Lieblingsthema zu sprechen. Denn dies und nur dies interessiert 95 % aller Menschen. Nur sehr wenige haben, so wie Sie, auch noch an anderen Wissensgebieten Interesse, wollen wissen, wie andere Menschen leben. Um ein solches Gespräch führen zu können, sollten Sie zumindest ab und zu Fachkenntnisse andeuten.

Zu diesem Zweck empfiehlt es sich, zeitgenössische Spiele wie »Spektrum des Wissens« oder »Trivial Pursuit« des Öfteren zu spielen und einige fundamentale Kenntnisse in Fremdsprachen zu erwerben. Erheben Sie sich jedoch über das Niveau der Orientalen, die mit »Hello my friend«, »Come in my factory«, »Kleiner Führer, kleiner Preis« den Kunden in betrügerische Händel zu verstricken suchen. Sie sollten bei Gesprächen mit Kaufleuten zu erkennen geben, dass Sie »Aktiva« nicht für eine Betriebssportgruppe halten und »Bilanzen« nicht für eine Form korrekter Grundlage der Besteuerung. Ein kleiner, aber gut platzierter Satz wie z.b.: »Den Perser meiner Privatsekretärin« (leichtes Hüsteln) »habe ich auch abgesetzt« wird Sie als einen mit Geschäftsmethoden Vertrauten ausweisen.

Das Bildungsniveau des Großteils der unteren Angestellten erhebt sich nicht wesentlich über die sogenannten Fach-kenntnisse, die auch Sie durch die Lektüre von ein bis maximal drei Büchern erwerben können. Wenn es Ihnen also gelungen ist, den Gesprächspartner dadurch zu betören, dass Sie ihm Gehör schenken, wenn Sie sich vorsichtig als kompetenter Gesprächspartner erwiesen haben, bringen Sie ihn auf Ihren Vorschlag, den Sie natürlich so verpacken müssen, dass den Gesprächspartner entweder ein finanzieller Gewinn lockt, oder er ihm zur moralischen Pflicht wird. Dann erst haben Sie ihn um den Finger gewickelt.

2.Sie predigen Wasser und trinken Wein

Lassen Sie sich nicht zum Narren halten! Ihre großen Vorbilder in der Branche lügen nicht plump daher. Nein, sie behaupten just das Gegenteil dessen, was sie praktizieren. Lassen wir das abgedroschene Beispiel sogenannter christlicher Parteien beiseite. Nehmen wir lieber das unverfängliche Beispiel eines Finanzakrobaten. Er behauptet, für Ihr Wohl, d.h. für Ihren Geldbeutel zu arbeiten, Ihr Geld in hochverzinslichen und sicheren Anlagen zu vermehren. Tatsächlich kassiert er vorab eine angemessene Provision. Wenn das Geschäft dann nicht läuft wie geplant, wenn die Firmen in Konkurs gehen, hat er schon seinen sicheren Schnitt gemacht.

Dieses Prinzip wollen wir das **„Provisionsprinzip"** nennen. Es ist eine Säule unseres Geschäfts. Es bedeutet, jetzt Geld abzuschöpfen und Gewinne auf später zu versprechen. Klassisches Beispiel sind die Geistlichen aller Weltreligionen. Die Provision (welch ein ausdrucksvolles Wort!) beziehen sie in Form von Gaben aus der

Bettelschale, testamentarischen Nachlässen und Stiftungen, oder, in der elegantesten Form, in der Gestalt regelmäßiger Abzüge vom Lohn der Gläubigen. Die in Aussicht gestellte Leistung wird mit ewigem Leben oder Nirvana vage umschrieben. Der Zusammenhang zwischen Provision und Gewinn ist bislang nicht erwiesen.

Zumindest konnten keine Dankesschreiben nachgewiesen werden. Wasser predigen auch Politiker. Von einer großen sozialen Gemeinschaft, von gemeinsamer Sitzung in einem nicht näher beschriebenen Boot, vom enger schnallen von Gürteln ist ebenso oft die Rede wie von „Konzertierter Aktion". Außer den krankhaft puritanischen »Grünen« sparen die Politiker aber am wenigsten bei sich selbst. Neben einer Menge Vergünstigungen wie Freifahrten bei der Bundesbahn, kostenloser Dienst-Mercedes u.v.a. bewilligen sich z. B. die Bundestagsabgeordneten ein Monatsgehalt von derzeit über zwölftausend Euro.

Daneben sind sie noch - natürlich nicht ehrenamtlich - in Verbänden und Vorstands-etagen tätig. Am wärmsten kann ich nur die CDU empfehlen, die die besten Verbindungen zu Industrie und Handel besitzt. Aber auch die Abgeordneten der SPD und FDP sind nicht prüde. Diese handfeste Provision lässt sich gut verkaufen, indem die Abgeordneten nachweisen, dass das Parlament pro Kopf der Bevölkerung nur ca. 7,76 Euro (Stand 2009) kostet. Heute (2022) sind es nach Schätzungen des Bundes der Steuerzahler 1,1 Milliarden und damit 13 €. Zum Vergleich, der Bundestag hat aktuell (2023) 735

Abgeordnete, die Duma in Russland 450 und der amerikanische Kongress 535 Abgeordnete.

Dieses »**Prinzip der visuellen Schrumpfung**« ist auch bei Banken und Versicherungen sehr beliebt. Wenn Sie also jemanden um achthundert EURO betrügen wollen, so vermeiden Sie es, diesen Betrag zu nennen. Machen Sie ihm stattdessen klar, dass ihn das attraktive Geschäft nicht mehr koste als vier Päckchen Zigaretten pro Woche.

Zurück zu den Parlamentariern. Wofür erhalten sie die Provision? Sie behaupten, sie würden uns preiswert - denn nicht jeder kann nach Berlin fahren - in Berlin vertreten. (12.000 € pro Monat, aber, wenn man das durch die Zahl der Bürger teilt, sind es nicht einmal ein Cent!)

Gleichzeitig sind sie nach Paragraf 38 des Grundgesetzes an keine Weisungen gebunden, jedoch an ihr empfindliches Gewissen. Wenn Ihnen das ihr Geld nicht wert ist, so können Sie den Staatsrechtlern lauschen, die behaupten, ein Parlament sei eine Art „Super Remi", bei dem sich die gegnerischen Parteien wechselseitig in Schach halten, das heißt, davon abhalten, eine Diktatur einzurichten. Wer jedoch als wissenshungriger Betrüger oder Hochstapler das Grundgesetz und das Strafgesetzbuch überflogen hat, dem ist klar, dass für den Fall, dass der geprellte Bürger aufwacht, alle gesetzlichen Vorsorgen getroffen wurden.

Sobald der Bundestag zu 2/3 den Notstand festgestellt haben, steht der Einschränkung der demokratischen Grundrechte nicht mehr viel im Weg. Mittels des paramilitärischen Bundesgrenzschutzes, des maschinenlesbaren Ausweises und der Rasterfahndung kann die Bevölkerung kontrolliert werden. Befehls-gewalt über die Bundeswehr geht an den Kanzler. Im Fall des inneren Notstandes darf auch die Freizügigkeit (Art. 11 GG) und das Post- und Fernmeldegeheimnis (Art. 10 GG) einschränkt werden.

3. Meine Freunde aus JWD

Wenn Sie Ihren nächsten Urlaub in Marrakesch verbringen, sollten Sie die Mittagszeit, wenn das Thermometer 40° im Schatten anzeigt, dem Privatbad an der Ausfallstraße zum Atlasgebirge einen Besuch abstatten. Sie werden nicht nur die herrliche Verdunstungskühle genießen (am Wasser ist es angenehmer als im Wasser), sondern auch einen Mann kennenlernen, der ein Meister unseres Metiers ist. Er nennt sich Slim oder auch anders, seine Kleidung ist äußerst gepflegt, ein hübscher hochgewachsener Senegalese. Sie werden staunen. Egal aus welcher Stadt sie kommen, er hat dort gewohnt, weiß sogar noch die Straße, hieß sie nicht Kaiserstraße?

Da Slim sich mächtig freut, jemand aus seiner alten Heimat zu treffen, lädt er Sie zu einer Coca-Cola ein. Er spricht gut Französisch, fragt Sie nach Ihrem Urlaub, erzählt von seiner Arbeit in einer Münchner Boutique. Aus seiner Brieftasche zückt der aufgeschlossene junge Mann Fotos von der Boutique, von seinem Auto, von ihm im Kreise weißer Kollegen. Irgendwann fällt ihm ein, er würde Sie gerne am Abend mit seinem Auto in eine folkloristische Bar, einem Geheimtipp, mitnehmen. Aber leider ist sein Auto in Reparatur, die Banken haben heute zu, sodass er kein Geld von seinem Konto abheben kann. Ob Sie ihm nicht mit hundert Euro bis zum Abend aushelfen könnten?

Also, bis zum Wiedersehen. Sie haben Slim kennengelernt. Sie werden ihn allerdings nicht wiedersehen. Er ist, wie Sie richtig vermutet haben, ein Betrüger. Was können wir von ihm lernen? Zum Beispiel sollten Sie immer eine Reihe von Fotos bei sich tragen, denn Bilder sagen mehr als tausend Worte. Wenn sie schon kein Foto von sich im Arm von Kashoggi besitzen, so lichten sie wenigstens ein hübsches Mädchen (meine Verlobte/Frau) eine ältere Person (Vater/Mutter), einem strahlenden jungen (mein Sohn) und einen blitzenden Luxusschlitten (mein Auto und ich) ab. Daneben empfiehlt es sich, je nach Gelegenheit, Briefe von Freunden (Referenzen) bei sich zu tragen. In zivilisierten Ländern liegen Sie mit gefälschten Visitenkarten nicht schlecht.

Slim hat sich des **„JWD-Prinzips"** (ein Berliner Ausdruck. Bedeutet Janz weit draußen, also „ganz weit weg".) bedient. Dies bedeutet, dass man sich überall auf der Welt als alles Mögliche ausgeben kann, nur nicht dort wo man bekannt ist. Über die dortigen Lokalitäten muss man sich, so wie es Slim getan hat, zumindest mittels Stadtplänen Städteführern auf den neuesten Stand bringen. Wenn Sie einen Kunden/Opfer zum Essen ausführen wollen, so sollten Sie die besten Restaurants, Nachtklubs und Diskotheken kennen. Sollten Sie unsicher sein, schauen Sie im Guide Michelin nach. Bei einfach strukturierter Kundschaft genügen saubere Lokale mit primitiven, aber reichhaltigen Mahlzeiten. (Ein Pfund Spaghetti Bolognese plus Frascati, vier Weißwürste mit Knödeln und Kraut, Hamburger mit Cola). Gleichgültig, wie es Ihnen schmeckt, betonen Sie, wie wunderbar das Essen sei, trinken sie gemächlich. (Sie sollten einen klaren Kopf behalten). Bei bestimmten Speisen empfiehlt sich, einen Schnaps hinterher zu trinken. (Ihr Schnapsglas kippen sie unauffällig in die Flora. Wenn die Magennerven sechzig Prozent der Nervenleistung absorbieren oder das Gehirn vom Alkohol vernebelt ist, können Sie Ihr Anliegen vorbringen. Wie gesagt, dies sind nur die plumpen Methoden. Für die dickeren Fische lesen Sie das folgende Kapitel.

4. Der Niedergang der großen Marken

Vor zwei Jahren machte ich Urlaub am Lago Maggiore. Bella Italia, gute Laune, großartige Berge, ein weiter See mit Bootsfahrten zu den malerischen Inseln. Kultur in Form von Schlösschen, Kultur live aus der Konzert-muschel am See, gutes Essen. Was will man mehr. Wie üblich gab es auch hier die Ein-Euro Shops. Was sind das eigentlich? Läden, in denen Alltagsgegenstände billig angeboten werden. Aber auch gut designte kleine

Accessoires. Während des Urlaubs hatte ich wenig Lust auf so etwas. Als ich durch die Stadt schlenderte, entdeckte ich auch chinesische Restaurants, nicht verwunderlich. Dann auch kleine Kneipen, zwei Friseure, ebenfalls unter chinesischer Leitung.

Am folgenden Tag stand der Wochenmarkt auf der anderen Seite des Sees auf dem Programm. Dort fand ich einen handlichen, kleinen Rucksack. Viel billiger als an anderen Ständen. Er war laut Aufdruck in Italien gefertigt. Er wird tatsächlich in Italien hergestellt, aber von Chinesen. Natürlich gab es auch einen Stand mit Uhren, die im Design hochwertigen Uhren, wie sie in der Schweiz, Frankreich und Deutschland gefertigt werden.

An den Rändern der Europäischen Union werden auf Wochenmärkten auch Sport-textilien und Schuhe renommierter Waren wie Adidas, Reebok oder Nike verkauft. Dort ist die Kontrolle durch die Polizei nicht so streng wie im zentraleuropäischen Markt.

Wie kommt es eigentlich, dass in China solche Waren erzeugt werden können? Sicherlich wird China von den geschädigten Firmen mit Klagen überzogen. Vor einiger Zeit erhielt ich von einem jungen Mann, der durch China gereist war, eine Schilderung.

In einer der bedeutendsten Industriestädte Chinas, in Putian gibt es ein Gewerbegebiet, in dem sich die Produktion der großen Sportartikel-herstellung konzentriert. Im Umkreis liegt ein Ring von Firmen, die genau gleichaussehende Produkte zu einem weit geringeren Preis herstellen. Alle Firmen bezahlen die ortsüblichen Steuern. Da es jedoch mehr Fälscher firmen als Originalfirmen gibt, zahlen die Fälscher deutlich mehr Steuern. Dementsprechend ist die Neigung der Kommunalverwaltung, die Fälscherfirmen zu bestrafen oder zu schließen, gering.

Was hat das mit uns Verbrauchern zu tun? Nach einer Studie der EU-Agentur für geistiges Eigentum (EUIPO) gingen dadurch allein in Deutschland zwischen 2018 und 2021 in der Bekleidungs-industrie 160.000 Arbeitsplätze und in der Spielzeugindustrie 32.000 verloren,

Von den an der EU-Außengrenze abgefange-nen Waren gab es fünfzehn Prozent gefälschte und gefährliche Spielwaren. (BNN,17.1.2024). Beim Besuch eines Ein-Euro-Shops umwehen uns die Düfte gesund-heitsschädlicher Lösungsmittel.

Der Diebstahl von Patenten und Gebrauchs-mustern u.a. durch Chinesische Firmen ist, historisch betrachtet, nur eine Umkehrung der Weg. Trendmann schreibt, um nur ein Beispiel zu nennen, dass um 1500 die Italienischen Städte damit begannen, selbst Seide herzustellen, die vorher immer aus China bezogen wurde. (Trentmann, F., S. 52)

5. Warum Fremdwörter wichtiger sind als der Duden

Wissenschaftliche Studien haben erwiesen, dass das Fernsehen die Bevölkerung verdummt, dass die Umgangssprache sich dem Bildzeitungsniveau rapide annähert, dass die Sprache insgesamt verarmt.

Vom Fernsehen bleibt fast nichts hängen, am allerwenigsten Sachinformationen. Also erreicht man die Kundschaft heute am leichtesten über die Massenmedien. Dabei bleiben zumindest die Bilder hängen und einige Schlagworte. Zum zweiten bringen die Fernsehprogramme es mit sich, dass eine öffentliche Kontrolle und Diskussion immer seltener vorkommen, was unseren Handlungsspielraum als Betrüger deutlich erweitert. (so genannter Strukturwandel der Öffentlichkeit, Habermas) Drittens fällt vor allem das aufsteigende Bürgertum (Bourdieu, P./1) – und wer will nicht schon zum aufsteigenden Bürgertum gehören – immer noch auf Fremdworte herein, lässt sich durch wissenschaftliche Argumente beeindrucken. Wenn Sie also ein Produkt, das mehr oder weniger sinnlos ist, verkaufen wollen, sollten Sie die Reklame mit fremdsprachlichen Begriffen (Termini) durchsetzen (dotieren), wissenschaftliche Größen (Koryphäen) zitieren, dabei aber den Satzbau schlicht (infantil) belassen und das Gesagte oft wiederholen (Redundanz).

Wer hört sich schon gerne als breite Masse angesprochen? Wem ist „Population" oder „Wir deutschen Handwerker" nicht viel lieber! Wem mundet eine „Soupe d'oignon" nicht wesentlich besser als eine gemeine „Zwiebelsuppe"? Und hört man nicht lieber von „fallender Steigerungsrate" als von „Zunahme der Arbeitslosigkeit"? Und wenn auch noch ein Mann in weißem Kittel auftritt, ist der Absatz ihres Produkts gesichert.

Ihre laienhafte Kundschaft ahnt nicht, dass die Wissenschaft kein einheitlicher Block ist, dass sich die Koryphäen über viele Begriffe, die so bestaunt werden, nicht einmal einig sind. Dass eigentlich niemand weiß, ob eine Psychoanalyse sinnvoll ist, dass niemand im Ernst glaubt, Weltraumwaffen können uns retten, dass Kernkraftwerke nicht nur ökologischer, sondern auch betriebs- wirtschaftlicher Unsinn sind. Dass der Begriff Bruttosozialprodukt ein äußerst umstrittener Maßstab für Wohlstand ist. Dass viele Krankheiten, für die die Ärzte klangvolle Namen gefunden haben, diesen dennoch ein Rätsel sind und dass immer dann von einem Curriculum in der Pädagogik die Rede ist, wenn man keine Begründung weiß, weshalb etwas unbedingt unterrichtet werden muss.

Je unverständlicher eine Begründung ist, desto eher kommt man damit durch. Wir nennen dies das **„Komplexprinzip"**. Wollen Sie wissen, weshalb betrügerische Ärzte so oft in lateinischen oder griechischen Vokabeln reden? Dann versuchen Sie einmal die „Rote Liste" der Arzneimittel zu bekommen und schlagen Sie unter Nebenwirkungen und

Kontraindikationen nach. Wetten, dass Sie eine „nausea"
bekommen? Auf Deutsch: dass ihn übel wird?

6. Repetitio est mater studiorum

Wie haben Betrüger und Hochstapler ihr Handwerk
erlernt? Dass Felix Krull (Thomas Mann) im Hotelgeschäft
gelernt hat, ist kein Zufall. Folgen wir ihren Spuren.

Als erstes gehen Sie das teuerste Hotel ihrer Gegend
zum Frühstück. Wenn Sie sich entsprechend der
Anleitung dieses Kapitels vorbereiten, kann eigentlich
nichts schiefgehen. Erst nehmen sie ihren besten Anzug,
eine Seidenkrawatte und polierte, dazu passende Schuhe.
Treten Sie selbst- bewusst auf und prägen sich für spätere
Auftritte den Weg vom Portier, dem personifizierten
schlechten Gewissen ihrerseits, zum Speisesaal und zum
WC ein.

Sollten Sie wider Erwarten gefragt werden, welches
Zimmer sie haben, versuchen Sie nicht den alten Trick,
eine Nummer zu erfinden. Das klappt vielleicht noch in
Gran Canaria, hier gehen Sie damit baden. Weisen Sie das
aufdringliche Personal einfach darauf hin, dass sie heute
Lust hätten, einmal wieder gediegen zu frühstücken. Zu
weiteren Erklärungen lassen Sie sich nicht herab. Jede
weitere Ergänzung vermindert ihre Kreditwürdigkeit.

Zum Frühstück lassen Sie sich das Handelsblatt oder die
FAZ bringen. Im äußersten Notfall auch die Bild oder die
neue Revue. Bei den letzteren bekommen Sie zwar kein
Niveau, aber sie signalisieren dem Personal, dass auf

stockkonservative Berichterstattung Wert legen. Machen Sie dagegen einen großen Bogen um die Frankfurter Rundschau, den Spiegel die Süddeutsche oder den Stern wodurch man Sie sofort als kritischer Intellektueller entlarven würde.

Wollen Sie dagegen einen Künstler darstellen, also Schriftsteller, Architekt, Kunstmaler, Psychotherapeut oder Werbe-manager –, sollten Sie genau das Gegenteil tun. Der Künstler ist das Alter Ego der zugeknöpften herrschenden Schicht, muss alles tun, was ihr unmöglich ist. Als Künstler müssen sie auffallend gekleidet sein, zum Beispiel Hawaii-Hemd, Manchester Hosen, auf der Brust Goldkettchen und Talisman, dazu eine unpassende Mütze, für US-Amerikaner gehen auch Cowboyhüte. Denken Sie einfach an Charles Wilp, Humphrey Bogart, Andy Warhol, Salvador Dali, Truman Capote oder Elvis Presley oder Bob Dylan. Es gibt zu viele Künstler, so dass Sie davon ausgehen können, dass niemand einen Zweifel an ihrer Bedeutsamkeit haben wird.

Zwei Tabus gibt es allerdings: nie Bluejeans und Krachlederne. Wundern Sie sich nicht, wenn man Sie mit diesem Outfit sofort als Hochstapler-Dilettanten entlarvt. So erging es dem ehemaligen baden-württembergischen Kultus-minister Hahn, also keinem Unbekannten und keinesfalls ein Hochstapler, als er erfolglos in einem Nobelhotel einchecken wollte – mit Krachlederner.

Bezahlen Sie mit einer Kreditkarte. Pralle Geldbeutel sind in Ihren zukünftigen Kreisen nicht beeindruckend, sondern signalisieren proletarische Allüren. Sie haben ihr schwer verdientes Geld in Wertpapieren, Immobilien oder Kunstgegen-ständen angelegt und haben per se Kredit.

Dieser Auftritt sollte jedoch nicht nur als Mutprobe dienen, die Sie mindestens einmal – in einem anderen Restaurant – wiederholen sollten. Nutzen Sie stattdessen die Gelegenheit, um die Umgangsformen, die Kleidung und die Sprache in dieser Lokalität gründlich zu studieren. Für etwa hundert Euro können Sie bei diesem Anlass mehr lernen als aus vielen Büchern. Noch ein letzter Tipp: Wenn es Ihnen offensteht, zwischen amerikanischem und kontinentalem Frühstück zu wählen, entscheiden Sie sich für Ersteres; es verleiht Ihnen weltmännliches Flair.

Dies war jetzt Ihr Einstand. Es folgen Ärztetage, Buchmessen, Bibliotheken, Hochschulseminare, Autovermietungen und die Fahrt mit einem geliehenen Jaguar oder Mercedes, die Probefahrt mit einem italienischen Sportwagen und ein exklusiver Crashkurs in einer Fremdsprache. Seien Sie sicher, das Geld ist gut angelegt, denn nur die Übung macht aus ihnen den Typ, in den Sie sich gerne verwandeln möchten.

7. Warum nicht alle Menschen ein großes Mundwerk haben

Wer unter einfachen Leuten den Mund zu voll nimmt, gilt dort als Schwafler und als Aufschneider. Die Kleinbürger haben wenig zu verlieren außer ihrer Moral, ihren Tugenden und ihrem krampfhaften Versuch, niemals anders zu sein als die anderen. Daher sind sie leicht zu beeindrucken.

Sie müssen nur eine Nuance eleganter gekleidet sein, besseres Deutsch sprechen, ein paar Kubikzentimeter Hubraum mehr besitzen, eventuell einen Titel vorweisen können und immer ruhig und sachlich bleiben. Unbeherrschtheit und immer wieder durchbrechende Lautstärke disqualifizieren Sie für den Aufstieg in die gehobene Schicht der Betrüger und Hochstapler. Die Mittelschicht weiß, dass Drohungen mit der Polizei oder dem Anwalt immer wirkungsvoller sind, als hoch gekrempelte Ärmel und ein wütendes Gesicht.

Auf dem Weg von der Mittelschicht zu den oberen Zehntausend fällt auf, dass sich das Verhältnis zur Aggressivität wieder ändert: Wem in seiner Jugend von den Eltern, in der Ausbildung von den Lehrern oder Lehrherrn gelernt hat, dass er etwas Besonderes ist, wird sich nicht in ein zurückhaltendes Wesen verwandeln. Sein IQ wird sich wegen der uneingeschränkten Aggressivität besonders weit entwickeln, weil sein Lerninteresse nicht eingeschränkt wird.

Dem Kind der Oberschicht wird von Anfang an klargemacht, dass es eine wichtige Persönlichkeit ist, dass ihm kein Wunsch versagt wird, dass Geld keine Rolle spielt und dass man Angestellte nach Gusto schikanieren kann. Der Lerntrieb wird unterstützt, Nachhilfe und Sprachkurs im Ausland sind selbstverständlich. Ähnlich einer schönen Frau braucht das Kind aus reichem Elternhaus nichts zu tun, um bewundert zu werden. Wenn es nicht durch Verwöhnung und Langeweile dem Alkohol anheimfällt, steht diesem Kind die Welt offen. Es hat im Gang, im Blick und die Sprache, den Habitus oder einfacher ausgedrückt, die Lebensart der Herrschenden erworben. Dies und nicht die vielen Kleinigkeiten wie Kleidung. Auto oder Luxuswohnung machen die Ausstrahlung des Erfolges aus. (Friedrichs, J.)

Beispiel: Eine akademisch gebildete Russin, die in ihrer Jugend arrogant genannt wurde, schaffte es durch ihr beeindruckendes Auftreten, Banken und Privatleute davon zu überzeugen, dass sich der Einstieg in „Ihre" Kryptowährung auf jeden Fall auszahlen werde. Sie verschwand mit einer hohen Summe echten Geldes. (Teil 2, Kap.14.)

Studieren Sie also vor allem die Sprache und die Körpersprache der Elite. Nach Ihrem Einstieg reisen Sie zu den Treffpunkten der Reichen Ob Baden-Baden oder Rom, Düsseldorf oder New York, Gstaad oder Cannes. Für Ihre Ausbildung reisen Sie nach Nizza ins Hotel Negresco, nach Lanzarote ins Salinas, nach Berlin ins Adlon. Ohne Zweifel ist auch Gesangsunterricht und eine Benimmschule keine schlechte Investition, aber die Übungen in aller Öffentlichkeit dürfen nicht zu kurz kommen. Wenn Sie sparsam sein müssen und am Anfang ihrer Karriere stehen, üben Sie die Mannequinhaltung, indem Sie ein Buch auf dem Kopf balancieren, und eine laute, bestimmte Sprache sowie eine entspannte Sitzhaltung vor dem Spiegel.

Nun fehlen nur noch die frechen Sprüche. Die Schauspielerin Jaqueline Bizet hatte gerade in Spanien einen Werbespot für Schnaps aufgenommen. Auf die Frage eines spanischen Reporters, weshalb man sie so wenig auf der Leinwand sehe, antwortete sie zum Beispiel: Es sei so schwer, einen Regisseur, ein Team zu finden, in dem es eine tiefe innere Harmonie gebe; denn nur so könne man als Schauspielerin das leisten, was in einem steckt. Wohlan denn, je dicker man aufträgt, desto glaubwürdiger klingt es.

8. Kapitel   Sine studio: der Weg zu akademischen Würden

Sie erlauben, dass ich einmal aus dem Nähkästchen plaudere, dem Reich der hohen Geistigkeit und Wissenschaft. In den Augen der ungebildeten

Öffentlichkeit, selbst im Blickwinkel vieler Politiker ein Ort, an dem blasse, vergeistigte Köpfe sich in die tiefen Schächte voller wissenschaftlicher Werke eingraben und mit unverständlichen Geräten mit blinkenden, farbigen Lichtern arbeiten, die an Reglern drehen und die Bildschirme überwachen, deren Sinn dem Besucher ewig unverständlich bleiben wird.

Die vielen Urlaube, sogenannte akademische Freiräume, Gastvortragsreisen, Semesterferien, hohe Gehälter und zusätzliche Gutachter-Einkünfte scheinen ein gerechter Preis zu sein, den die Bürger für ein solch aufopferndes Studium zahlen müssen. Hinter den Kulissen geschieht aber meist etwas ganz Anderes, da passieren Dinge, die an Betrug und Hochstapelei grenzen.

Wir wollen einmal außer Acht lassen, dass einige akademische Titel aus so genannten Degree-Mills in den USA oder an einigen südamerikanischen Universitäten käuflich sind. Auch das inzwischen endemische Promovieren von Politikern wollen wir außen vorlassen. Unser Augenmerk liegt darauf, ohne illegale Mittel zu einem akademischen Titel kommen, legal versteht sich.

Zum ersten sollten Sie sich vor der Immatrikulation tagelang nicht in Bibliotheken, nein, in Cafés und Schwimmbädern aufhalten. Dort können Sie Gespräche mit zukünftigen Kommilitonen führen. Sie sollten in Erfahrung bringen, welche Professoren welche Fachgebiete beherrschen, wovon diese keinen Schimmer haben und welche Hobbys sie pflegen. Nun haben Sie als angehender Akademiker den übrigen schon einiges voraus, all jenen Bemitleidenswerten, die glauben, es mit Fleiß, Bildung und Intelligenz zu etwas bringen zu können.

Sie wenden sich alsbald Ihrer Hauptaufgabe zu. Während der Vorlesungen halten Sie Blickkontakt zu dem Professor oder der Professorin, fragen Sie öfter nach, werfen ihm, falls Sie weiblich sind, einen jener begeisterten, schmachtenden Blicke zu. Außerdem lesen Sie ein Buch zum Thema und ein weiteres, das der Dozent verfasst hat. Bewaffnet mit diesem Wissen können Sie an unauffälliger Stelle ihre Meinung äußern, die zufällig die des Professors ist. Dies wird ihm ungemein schmeicheln. In seiner Sprech-stunde sollten Sie sich mindestens zweimal pro Semester sehen lassen, denn nur so ist er in der Lage, sich Ihr Gesicht und Ihren Namen einzuprägen. Wie viele Prüfungen sind schon schlecht gelaufen, nur weil der Dozent, dessen Veranstaltung man vier Semester lang besucht hatte, in der Prüfung bemerkt: „Ihr Gesicht kenne ich gar nicht". Also aufgepasst.

Ihre Semesterarbeiten schreiben Sie ohne viel Aufwand sinngemäß von den Arbeiten älterer Semester ab, da sich die Themen fast aller Professoren spätestens alle vier Semester wiederholen. Zitate aus Neuerscheinungen geben dem Ganzen die nötige Würze. Gewöhnen Sie sich das diagonale Lesen an, denn es steht doch nicht viel Neues darin. Flechten Sie die Früchte Ihrer Lektüre ad libitum ein, um als belesen zu gelten. Wenn Sie sich an diese Anweisungen halten, werden Sie so wenig zu tun haben, dass Sie zum Beispiel noch in einer Kneipe bedienen können, nette Kommilitonen kennen lernen und Kontakte zu Assistenten knüpfen können.

Außerdem sollten Sie sich beim Tennis bräunen. Wer ist da wohl Mitglied? In einem Restaurant ab und zu speisen, in dem auch Herr Professor Stammgast ist, im Seminar in seiner Nähe sitzen und die Neuerscheinungen seines Lieblingsautors unauffällig, aber unübersehbar vor sich liegen haben. Seien Sie auch hier nicht kleinlich. Bei all den desinteressierten Studenten sind Sie, wenn auch nur dem Scheine nach, der Lichtblick im tristen Alltag ihres Professors. Er wird es Ihnen im Examen danken.

Ein letzter Hinweis: Hüten Sie sich vor den DIMIDO-Professoren, - die nur Dienstag, Mittwoch, Donnerstag Anwesenden -, und solchen, die jedes zweite Semester eine Gastprofessur annehmen. Bei diesen können Sie davon ausgehen, dass sie zu abgebrüht sind, um auf Ihre kleinen Tricks hereinfallen, dass sie zu faul und zu raffiniert sind, um auch nur einen Finger für Sie krumm zu machen.

Sie haben richtig geraten, denn es handelt sich um einen Kollegen. Wundern Sie sich also nicht, wenn Sie bei näherer Betrachtung seiner Werke feststellen, dass er nicht nur seit Jahren das Gleiche schreibt, sondern, was auch vorkommt, noch beim Kollegen abschreibt.

Etwas mehr Mühe müssen Sie sich als Student im naturwissenschaftlichen Bereich geben, obwohl grundsätzlich die gleichen Prinzipien anwendbar sind. Hier müssen Sie auswendig lernen. Nur das müssen Sie beherrschen. Verstehen, durchdenken, das verlangt niemand von Ihnen oder halten Sie es für einen Zufall, dass in den USA nicht weniger als fünfzig Prozent der Wissenschaftler in der militärischen Forschung arbeiten und dass es so wenige Naturwissenschaftler gibt, die sich trotz offensichtlicher Gemeingefährlichkeit für Atomenergie einsetzen? Oder dass es in der Pharmazie und Medizin immer noch Forscher gibt, die für die Industrie gerne gegen Bares Forschungsergebnisse frisieren?

9. Der unredliche Weg zu einem Titel

Wenn einem das Thema Titelhandel am Herzen liegt, so kommt er um den berühmten Konsul Weyer nicht herum. Weyer wuchs als Sohn eines als tot erklärten deutschen Kriegsgefangenen in Berlin auf. Er hatte den Vorteil, dass ihn sein Adoptivvater, der britische Offizier Clifford Davis, Zutritt zu diplomatischen Kreisen eröffnen konnte. Dadurch war es ihm möglich, Kontakte zu den Botschaften armer Länder aufzunehmen, die es sich nicht leisten konnten, eigene Konsulate zu unterhalten.

Die Geschäftsidee war so brillant wie einfach. Weyer verschaffte zahlungskräftigen Kunden einen zugkräftigen Titel, der an die große Zeit von Konsuln im Römischen Reich erinnerte, und er und die Mitspieler in armen Ländern konnten sich den Gewinn teilen.

Nun ist das Geschäft mit Konsul-Titeln hinreichend bekannt, so dass man mit einem solchen Titel niemand mehr beeindrucken kann. Außerdem muss ein Konsul auch ab und zu für sein Land auch etwas arbeiten. Einfacher sind da akademische Titel. Es gibt im Internet genügend Anbieter für Doktor oder Professorentitel. Nun ist es nicht schwer, im Ausland mit gekauften Titeln aufzutreten. In der Bundesrepublik dagegen ist das Führen eines Doktortitels streng geregelt. Nur dann, wenn der Titel an einer anerkannten staatlichen Universität im Ausland erworben wurde, darf er geführt werden. Ein Professortitel ehrenhalber nur dann, wenn dazu z.B. auf dem Briefkopf vermerkt wird, von welcher Universität dieser Titel vergeben wurde. Je nachdem, wie diese heißt, ob es z.B. eine theologische Universität in den USA war, klingt der Titel nicht mehr so feierlich.

Einen schönen Titel kann ich trotzdem empfehlen, nämlich den Doktor des Vogelschutzes. Die Engländer, die große Vogelbeobachter und Vogelschützer sind, hatten eine Idee, wie sie ihre Vogelschutzgebiete finanzieren können. Wenn Sie eine Spende von dreißig Euro an die Organisation überweisen, bekommen sie im Gegenzug ein winziges Grundstück im Gebiet von Schottland. Das klingt nicht interessant? Doch, denn jeder Eigentümer eines Grundstücks auf so einem Landstrich darf sich „Laird" nennen, immerhin die schottische Form von Lord. Ich habe den klangvollsten Titel gewählt: Ich darf mich „Laird of Kingsdale" nennen. Sie sollten allerdings in Schottland nicht mit diesem Titel protzen. Die Schotten wissen Bescheid und würden Sie nur auslachen.

Da fällt mir noch eine legale Möglichkeit ein, den Titel eines Botschafters zu führen. In den USA, wahrhaftig keine Bananenrepublik, darf man als Privatmann dem künftigen Präsidenten im Wahlkampf mit einer höheren Spende unter die Arme greifen. So er denn gewinnt, darf der Präsident Sie zu einem legalen Botschafter machen. Natürlich will keiner dieser Botschafter in den Libanon, nach Myanmar, nach Nicaragua oder Burkina Faso. Aber in Paris, London, Berlin, auf den Bahamas oder den Britischen Virgin-Islands stelle ich mir das ganz behaglich vor. Nette Partys, nette Leute. Man sollte es aber nicht übertreiben und meinen, man könnte jede unpassende Meinung äußern, wie es einmal der Botschafter der USA in Berlin tat. Also bitte, etwas Zurückhaltung.

10. Chamäleon oder der Rückzug

Unter Betrügern und Hochstaplern, aber auch unter allen anderen Berufen im Theatermilieu kursiert ein gefährliches Virus. Es bewirkt, dass ein Schauspieler, der eine Rolle oft gespielt hat, in einen rauschhaften Zustand gerät, worüber er seine eigene, falls vorhandene Identität vergisst und im wahren Leben an seiner Rolle festhält. Dieser Effekt ist an sich ungefährlich, weil es niemandem schadet, kurzfristig sein begrenztes Ich eine Weile hinter sich zu lassen. Für Hochstapler und Betrüger kann er jedoch gefährlich werden, weil ihnen dadurch die beruflich notwendige Flexibilität verloren geht.

Wir halten es daher für unumgänglich, auf die Notwendigkeit der Einhaltung des „**Chamäleon-Prinzips**" zu drängen. Ein historisches Beispiel möge dies veranschaulichen. Hecker, einer der Köpfe der badischen Revolution von 1848, wurde einmal von seinem Trupp abgesprengt und das Haus, in dessen Dachkammer er sich geflüchtet hatte, war von preußischen Regierungstruppen umstellt. Nun, was tut ein Revoluzzer? Kämpft er um sein Leben, feuert er wild um sich bis zur letzten Patrone? Oder hisst er die weiße Flagge in der Hoffnung, dass er durch einen Gnadenakt verschont werde? Das nahmen die Regierungssoldaten an.

Hecker war aber nicht nur ein tapferer, sondern auch ein schlauer Revolutionär. Hecker verschmierte sein Gesicht mit Asche und mit einer Flasche Wein am Mund trat er fröhlich auf die Soldaten zu und lud sie zum Trinken ein. Dieser betrunkene Stallbursche konnte nun wirklich kein Revolutionär sein. Mit seiner abgerissenen Kleidung und seinem schwankenden Gang konnte ihn wirklich niemand für einen gefährlichen Revoluzzer halten. In seiner Trunkenheit stolperte der arme Tölpel auch noch in den nahen Weiher, bevor die Soldaten lachend abzogen, hievten sie den nassen Kerl noch aus seiner unbequemen Lage.

Die Kunst, der sich Hecker hier bediente und ihm das Leben rettete, ist die des Chamäleons, dieser exotischen Eidechsenart, die die Fähigkeit besitzt, ihre Farbe dem Hintergrund anzupassen. Eine hervorragende Veranschaulichung dieses Prinzips findet sich in dem Film

„Der talentierte Mister Ripley". Oder denken Sie an die Nazis, nach dem verlorenen Krieg eiligst ihr Rangabzeichen und ihre Uniformen verschwinden ließen.

Was Schmetterlinge, Giftschlangen, Revolutionäre und Nazis können, das sollte auch zu ihrem Repertoire gehören. So wichtig es ist, eine Rolle sicher spielen zu können, so muss man sie im Notfall innerhalb von Minuten über Bord werfen können, um die Flucht anzutreten, um sich, wie manche glauben, in Luft aufzulösen. Stellen Sie sich folgende Szene vor: Sie verfolgen einen Herrn im Anzug, der ein Haus betritt. Er trägt eine schwarze Ledertasche, einen grauen Nadelstreifenanzug und einen dunkelblauen Mohair Mantel. Kurze Zeit später sehen Sie an einem anderen Ausgang einen hinkenden Arbeiter in seinem Drillich mit einer Leiter auf der Schulter.

Oder kann ein Tourist in Bermuda-Hosen und Hawaii Hemd derselbe sein, der Augenblicke später in schwarzer Lederkombi auf einer Yamaha davonjagt? Vertrauen Sie den gewachsenen Erfahrungen von Köpenick, Cagliostro und Crowley, die die Wirkung der Maskerade zu historischen Spitzenleistungen entwickelten.

Ein weiterer Tipp, der Sie vielleicht verwirren wird: Sammeln Sie Witze. Sie schulen damit nicht nur ihr Gedächtnis, sondern lernen eine unschlagbare Waffe zu führen. Sie werden lernen, welches Alter, welche soziale Schicht worüber lacht. Sie entwaffnen Ihre Gegner und gewinnen Freunde. Sie können etwas falsch Gesagtes als Witz verkaufen. Wenn Sie einmal auf der Flucht sind, werden Sie sich freuen, wenn wenigstens jemand mit Ihnen lacht.

11. Etikettenschwindel

Das deutsche Lebensmittelrecht ist sicherlich eines der strengsten und damit besten der Welt. Nehmen wir uns als angehende Betrüger einmal diese harte Nuss vor. Wie können wir als angehende Betrüger auf einem so steinigen Boden Fuß fassen? Wie lassen sich Sicherheits-, Schutz- und Qualitätsbestimmungen umgehen - nicht übertreten, denn wir bleiben, soweit möglich, immer im Rahmen der Legalität.

Ein Beispiel: Vor Jahren konnte man noch sogenannten Orangensaft verkaufen, der lediglich Spuren von Fruchtpresssaft enthielt. Heute muss dies als »Nektar« oder »Fruchtsaftgetränk« kenntlich gemacht werden. Dennoch ist Etikettenschwindel im Prinzip auch heute noch gültig.

Wir wollen es nach einem amerikanischen Modewort das "Stretching-Prinzip" nennen. Es funktioniert folgender maßen: Man nehme einen Gegenstand, dem man einen gewissen Wert zumisst. Diesen mische man so lange mit einem billigen Füllstoff, bis es fast schon auffällt. Also Zement mit Sand strecken, Marmelade mit Zucker, Reden mit heißer Luft, Fruchtsaft mit Wasser.

Weitere Beispiele: Streckt man als Maurer Speis und Beton mit viel Sand, so wird mancher Neubau billiger, wenn er auch früher bröselt. An ein Erdbeben wollen wir lieber nicht denken. Aber was kümmert es einen Betrüger, wenn die Garantiezeit abgelaufen ist! Luft in Fülle   enthalten   bekanntlich   undurchsichtige

Verpackungen. Wasser satt in Fleisch gespritzt oder schon durch antibiotikahaltige Ernährung der Rinder und Schweine angeregt, macht manchen Züchter breiter, dafür auch die Gesichter der Konsumenten nach dem Braten länger. Speisestärke und Zucker sind so allgegenwärtig, dass sich die Insulin-produzierende Industrie gut daran verdient. Eine Flasche Coca-Cola hat etwa so viel wie fünfzig Würfel Zucker. Kürzlich erfuhr ich im Fernsehen, dass industriell hergestelltes Speiseeis auf das Doppelte des Volumens aufgeschäumt wird mittels Luft. Damit wird das Eis sehr cremig und der Gewinn verdoppelt. Ich hatte mich immer gewundert, weshalb industrielles Speiseeis so unerhört billig ist, verglichen mit unserem Italiener an der Ecke.

Ein anderes Beispiel für Etikettenschwindel ist die Produktbezeichnung „Made in Italy". Diese Artikel finden Sie hauptsächlich in Bella Italia. Wie kommt eine gut designte Tasche oder Bluse zu einem so günstigen Preis?

Mitten in Italien gibt es Fabriken, in denen chinesische Arbeiter für einen vermutlich in China ortsüblichen Lohn diese Taschen herstellen. Auch aus England und seit einiger Zeit aus Deutschland finden günstige Waren ihren Käufer. Falls die entsprechende Firma kein Lager in Deutschland oder England hat, müssen Sie sich allerdings gedulden, bis etwas von China zu Ihnen kommt.

Neueste Variante: Die chinesische Firma liefert viel schneller, indem sie ein Lager in Deutschland eröffnet. Sollten Sie sich bei Reklamationen allerdings an das Lager wenden, die natürlich die Ware umtauschen könnten, so werden Sie damit beschieden, dass es eben nur ein Lager sei, Sie sich also doch an die chinesische Zentrale wenden müssten.

Ein Füllstoff von akademischer Natur ist das Geschwafel. Einmal hat uns die Dialektik und Rhetorik bewiesen, dass Menschen erst dann in der Lage sind, sich etwas zu merken, wenn sie es oft hören; außerdem täuscht die Fülle des Gesagten über den Mangel an Substanz hinweg. Einer meiner akademischen Lehrer begann seine Vorlesung immer mit der Formel: „In der letzten Woche haben wir über… gesprochen". Er wiederholte nun den- Stoff der vorhergehenden Vorlesungsstunde, was nicht weniger als fünf Sechstel seiner Zeit beanspruchte. Auf diese Weise gelang es diesem hochkarätigen Hochstapler, mit dem Stoff von drei Stunden ein Semester zu füllen. Auch Sie sollten das Stretching-Prinzip verinnerlichen. Wann immer Sie Gelegenheit dazu haben, verwenden Sie einige Minuten dazu, nachzudenken, wie der vor Ihren Augen liegende Gegenstand gestretcht werden kann. Haben Sie gerade keine Beispiele? Wie stretcht man Begrüßungsreden, Kartoffelpüree, Uhren, Autos, Wollpullover, Surfbretter, Haschisch und Orgasmen?

12. Kleine Geschenke erhalten die Freundschaft

Die Joker-Diskothek in Rio lässt durch junge Leute Gratis-Eintrittskarten an Passanten verteilen. Wenn Sie die Diskothek betreten haben und die zehn Euro an Eintritt gespart haben, werden Sie als fortgeschrittener Betrüger sich über so viel Großzügigkeit nicht wundern. Sie wissen schon im Voraus, wie viel eine Cola kostet. Richtig. Und wenn Sie an einem Preisausschreiben teilnehmen, wissen Sie zwar, dass Sie nicht gewinnen werden, dass Sie jedoch in den kommenden Monaten mit den Prospekten dieser Firma Ihren Holzofen am Brennen halten können.

Spenden in Millionenhöhe an die Bauern sichern die Wiederwahl konservativer Parteien, Orientteppiche und Reisen für Ärzte den Umsatz der Pharma- Industrie, Waren zum Selbstkostenpreis sichern die Mitnahme überteuerter anderer Waren. In der Betriebs-wirtschaft spricht man von Mischkalkulation.

Und die Aussicht auf spätere Vorstandsposten bewahren Politiker vor industriefeindlichen Gedanken. Gehören Sie etwa noch zu denen, die glauben, Steuersenkungen würden nicht durch die Erhöhung der Mehrwertsteuer auf die Allgemeinheit abgewälzt? Soviel zur Anwendung des **„Schraubenzieher-Prinzips"**. Der Verkäufer bietet einem Kunden eine Waschmaschine gratis an, sofern er ihm ein Schraubenzieher für siebenhundert Euro abkauft. Gerade weil dieses Prinzip zu plump ist, weil der Trick so offensichtlich ist, ist er so schwer aufzudecken.

Wie können Sie einer Bank, die Ihrem Kind ein Plastiksparschwein schenkt, ihr Geld nicht für Jahre anvertrauen? Wer wird so unfreundlich sein, einen Teppichhändler, der einem einen kleinen, niedlichen Elfenbeinelefanten schenkt, nicht einem Perserteppich abzukaufen. Welcher Rektor kann so herzlos sein, den Sohn eines Industriellen durchs Abitur fallen zu lassen, der gerade einen Satz Mikroskope für die Schule gespendet hat, und welcher Senior könnte einem Bürgermeister die Wiederwahl streitig machen, der alle Altersheimbewohner mit freundlichen Worten und billigem Kuchen vom Diskounter beglückt hat!

Nehmen Sie sich als fortgeschrittener Betrüger ein Vorbild an den alteingesessenen. Seien Sie nicht knauserig, wenn es um Trinkgelder, Einladungen zum Essen, Taschenbücher, Schallplatten und gute Worte geht. Letztere sind besonders preisgünstig und werden dennoch hochgeschätzt. Wie gesagt, kleine Geschenke.

13. Warum sich Familienväter um hübsche Mädchen kümmern

Vermutlich denken Sie jetzt vorschnell: "Natürlich kann man sich mit jungen Mädchen eine schöne Zeit machen", aber für Sie als kommender Hochstapler haben diese eine ganz andere Bedeutung. Wenn sich Julio Iglesias mit über 40 Jahren mit zwei 16-jährigen sehen lässt, so hat der glückliche Familienvater wahrscheinlich keine Neigungen unterhalb der Gürtellinie.

Für einen Hochstapler haben Frauen und Mädchen drei Bedeutungen. Erstens sind sie, sofern Sie ein passabel aussehender Mann sind, ihre ersten, glühenden

Verehrerinnen. Zweitens wirkt die Anwesenheit schöner Frauen auf als jene beschwichtigend, die vielleicht eine nicht geringe Wut auf Sie haben. Drittens sind sie natürlich ein Statussymbol, stehen für Jugendlichkeit und Erfolg.

Wenn Sie in Las Vegas oder in Baden-Baden spazieren gehen, wird es Ihnen sicher schon aufgefallen sein, wie viele hübsche Frauen den Tag beim Friseur verbringen, um nach dem Einkauf diverser Luxusutensilien anschließend in einem Alfa Romeo, Porsche oder Mercedes davon zu fahren. Es handelt sich nicht um Weltstars oder Erben großer Vermögen, nein, sie haben einfach einen reichen Mann geheiratet. Da diese Frauen oft für eine einfache Konversation zu ungebildet sind, sind sie bei horrenden Festgehältern, so- genanntem Haushaltsgeld, als Kleiderständer und Vorzeigeschild angestellt.

Große Hochstapler wie Cagliostro, Casanova oder Bhagwan waren sich der Wirkung dieser Frauen sehr wohl bewusst. Im Gegensatz zu Schreibtischen aus Mahagoni und protzigen Eingangshallen, wie sie die römischen Kaiser oder Hitler liebten, haben Frauen den Vorteil, leicht transportabel zu sein.

Was für Männer gilt, gilt auch für Frauen: Warum lässt sich Liz Taylor, die begnadete Schauspielerin, mit dem Schönling George Hamilton sehen oder warum reist Jaqueline Bizet mit dem traumhaft attraktiven Tänzer Alexander Gudonov?

14. Was Ovid mit Tangas zu tun hat

In der Bibliothek meines Vaters fand ich einmal den römischen Schriftsteller Ovid und verschlang sein Werk „Liebeskunst". Er meinte, man müsse sich als junger Mensch frühzeitig bilden, denn mit der Zeit werde man älter, und wenn schon nicht mehr Augen und Haar funkelten, solle doch zumindest der Verstand in gutem Zustand sein, um Frauen für sich gewinnen zu können.

Fantastisch fand ich Ovids Trick, wie man eine unzugängliche Frau bezirzen könne. Ovid rät, deren weniger reizende Freundin derart zu umgarnen, dass sich die wahrhaft Angebetete schließlich geschmeichelt fühlen muss, wenn man sie auch nur eines Blickes würdigt. Soweit die Vorteile altsprachlicher Lektüre.

Tangas dienen der Bedeckung primärer Geschlechtsmerkmale unter Minimierung der Textilkosten. Sie sind so unerhört winzig, dass Sie sich sicher schon gefragt haben, welchen Sinn es macht, nicht gänzlich auf die Bekleidung zu verzichten.

Darauf gibt es natürlich bei Ovid eine Antwort. Wie dessen Strategie zur Eroberung unwilliger Frauen, so dient der Tanga der Ablenkung vom Fokus des Interesses. Wer wie gebannt auf den Tanga blickt, ist unfähig, sich auf Augen und Worte, Mund und Haare, Charme und Schick zu konzentrieren.

Dieses Prinzip, dessen sich Frauen bedienen, die eben dies alles nur in mäßigem Maße besitzen, wollen wir in hehrer Anerkennung das „**Ovid'sche Prinzip**" nennen und für unsere Zwecke anwenden. Es beruht auf der mangelhaften Konstruktion des menschlichen Gehirns. Es ist diesem fast unmöglich, sich auf zwei Dinge gleichzeitig zu konzentrieren. Die Psychologie weiß inzwischen auch, dass das „Multitasking" letztlich unproduktiv ist.

Kinder lenkt man durch ein Spielzeug von Schmerzen ab, Ablenkung kann sogar bei Hypochondern das therapeutische Mittel der Wahl sein. Für einen Versicherungsvertreter ist es geradezu ein Muss, den Kunden, deren Unterschrift man braucht, nach ordnungsgemäßen Hinweisen auf das Kleingedruckte, sorgfältig davon abzulenken. Nichts überzeugt mehr vom Wert eines Autos als der Hinweis auf die neuen Scheibenwischer, nichts macht eine HiFi-Anlage brillanter als die flackernden Dioden, kein Fernflug wird trotz Ohrensausen und miserablem Essen entzückender als durch eine Gratis-Flasche Piccolo an Bord.

Ablenken müssen Sie vor allem durch Worte können: durch rasante Themenwechsel, phantasievolle Erzählungen, Hinweise auf wertvolle Eindrücke. Zum Beispiel „Schauen Sie einmal diesen Seehund, wie entzückend!" Sowie durch das notorische Bitten um Feuer und die Frage nach der Uhrzeit.

Als einer der brillanten Vertreter dieses Prinzip muss an dieser Stelle der ehemalige Bundesumweltminister Wallmann genannt werden. Nachdem in Tschernobyl die unerträgliche Bedrohung durch sogenannte zivile Atomenergie sichtbar geworden war, engagierte er Experten, die der Öffentlichkeit die Unbedenklichkeit deutscher Atomkerne bestätigen sollten, die sich natürlich völlig anders verhalten als russische! Nachdem die Quecksilbereinleitung beim Pharmariesen Sandoz das den Rhein, vergiftet hatte, erklärte er, der Angriff auf die chemische Industrie sei nur ein wahltaktisches Manöver der SPD, sozusagen Sandoz und Sozi Hand in Hand. Wer so perfekt von Problemen ablenken kann, den sollten wir als leuchtendes Vorbild in Erinnerung behalten.

15. Bermudas und Holdings

Eine Gruppe von Psychologen will ermittelt haben, dass ein Mann, der Bermudas trägt, sich nach den Strampelhosen, nach der großen Freiheit und Geborgenheit seiner Kindheit zurücksehnt. Auch ausgewachsene Manager und Steuerberater sehnen sich nach den Bermudas und deren großer Freiheit.

„Holding" ist eine erfolgversprechende Therapie für autistische Kinder, bei der diesen durch Umklammerung, auf Englisch Holding, die fehlende Wärme, der Hautkontakt und die Sicherheit gegeben werden sollen, die sie brauchen. Auch führende Banken, Versicherungen und Großfirmen suchen einen Halt in Holdings. Auf den Bahamas, Bermudas und den Kanalinseln, um einige zu nennen.

Die zu dieser Gruppe ebenfalls gehörenden Kaiman-Inseln stellen eigentlich mit ihren achtzehntausend Einwohnern, nur einen winzigen Punkt vor der amerikanischen Küste dar. Trotzdem gibt es dort Treuhand-gesellschaften etlicher Großfirmen Banken, die Milliarden Euro zwischenlagern. (Dohmen, C.)

Die große Freiheit besteht dort in einem sehr geringen Steuersatz, mit dem man am deutschen Fiskus Millionen vorbei jonglieren kann. Das **„Kaiman-Prinzip"** besagt für uns Betrüger, dass wir uns in einem Land mit minimalen Steuern mit einem Rechtsanwalt anfreunden sollten. Auf Englisch heißt er solicitor, auf Spanisch avogado. Da auch er ein paar Freunde hat, gründen Sie mit diesen eine Finanzgruppe, eine Holding. In die muss jeder etwas einbezahlen. Der Rechtsanwalt zahlt vielleicht zehn Euro, sein Freund fünf Euro, sein Bruder zwanzig, und Sie zwei Millionen. Damit niemand die Holding nach ihrer Gründung durch den Rechtsanwalt stiehlt, werden die Millionen im Tresor des Rechtsanwaltes neben den Ohrringen seiner Frau und den Kuverts der anderen Holdings eingeschlossen.

Zurück in Deutschland verkaufen sie der Holding ihre Firma sagen wir für zweihunderttausend Euro. Dann fällt Ihnen als Unternehmer plötzlich ein, dass Sie ohne die Fabrik nichts produzieren können. Deshalb schließen Sie mit der Holding ein Leasingvertrag ab, wofür Sie der Holding für ihre ehemalige Fabrik jährlich hunderttausend Euro als Leasinggebühren überweisen. Diesen Betrag müssen Sie natürlich in Deutschland dann nicht mehr versteuern. Von dem gesparten Geld müssten Sie ihre Finanzpartner in der Holding wenigstens zum

Essen einladen und der Frau des Rechtsanwaltes ein paar neue Ohrringe schenken können.

Das **Kaiman-Prinzip** lässt sich jedoch auch für den kleinen Betrüger anwenden. Wenn Sie in Österreich auf den Namen Steve Mac Queen oder ein Schweizer Nummernkonto anlegen, eröffnen sich auch Ihnen neue Möglichkeiten, Geld zu sparen. Daher der Name Sparbuch. Ihre Rechnungen sollten grundsätzlich überhöht sein, wie die der Holding. Für Ihre Geschäftspartner wirken sie steuermindernd, und einen Teil des Steuergewinns überweist er Ihnen dann in die Schweiz oder an Steve Mac Queen.

Umgekehrt sollten Sie ebenfalls immer überzogene Rechnungen schreiben lassen und sich mit einer Spende an die schwarze Kasse bedanken, aber apropos Spenden: Da gab es in Deutschland einmal diese „Parteispendengeschichte". Aber dieses Thema wollen wir nicht vertiefen, Ehre seinem Gedenken.

16. Wie wird man ein Guru?

Kann man Guru werden, so wie man Schreiner wird, Hochschullehrer, Elektrotechniker oder Kanzler? Diese Frage erscheint unverschämt. Und doch gibt es nichts Leichteres, als sich zum Guru aufzuschwingen. Voraussetzungen sind wie in jedem anderen betrügerischen Beruf sind Zielstrebigkeit

Rücksichtslosigkeit, Höflichkeit, Branchenkenntnisse und ein wacher Verstand.

Zum Ersten- legen Sie alle Hemmungen ab! Anfangs wird niemand glauben, dass Sie erleuchtet sind, dass Sie kein Ego mehr besäßen, mit Gott auf Vater-Sohn-Ebene verhandeln, sich dauernd im Samadhi bewegten oder gar eine neue Welt aufbauen wollten. Lassen Sie sich nicht abschrecken vor den negativen Vibrationen ihrer Umwelt. Lassen Sie allen Neid von sich abprallen. Protzen Sie bei jeder Gelegenheit mit diesem undefinierbaren Faktum der Erleuchtung; bleiben Sie aber immer höflich und heucheln Sie starkes Interesse am Schicksal der Welt, insbesondere dem Ihrer Gesprächspartner. Schauen Sie sich vorsichtshalber in der Branche um.

Jesus wurde ans Kreuz geschlagen, Bahai landete im Gefängnis, Buddha lebte in Armut, Laotse war ein armer Wanderprediger. Bei diesen Erleuchteten können Sie also zwar Anleihen an Zitaten aufnehmen. Allerdings sollten Sie sich vor deren Fehlern hüten. Wenn Sie als Guru provozierende Thesen in die Welt setzen wollen, sollten Sie bereits über genügend Anhänger, Leibwächter, und Anwälte verfügen. Stellen Sie sich Jesus vor mit einem guten Rechtsanwalt! Wie anders stünde es heute um das Abendland.

Provozierende Thesen alleine genügen für Sie nicht, um auf sich aufmerksam zu machen. Es gehört dazu auch, einen Nimbus zu erzeugen, eine Nebelwolke, die Sie als Person verklärt. Erzählen Sie munter von früheren Inkarnationen, von Ihrer animalischen Heilungskraft, sprechen Sie von kosmischer Energie, die durch Sie fließt, von spirituellen Wesenheiten, mit denen Sie in Kontakt seien. Hüten Sie sich jedoch davor am Anfang ihrer Karriere zu behaupten, Sie sprächen mit Gott; Sie bekommen unweigerlich Ärger mit Psychiatern. Diese aufrechten Diener des gesunden Menschenverstandes sind nun einmal allergisch gegen Verrückte, sie geben ihr letztes Hemd, um Leute vom Schlage Jesus oder Buddhas zur Räson zu bringen.

Ein sehr gewinnbringendes Beispiel dagegen ist der erleuchtete Meister und Ex-Kaufmann Mohammed, der die Religion des Islam in die Welt setzte. Nach seiner Erleuchtung – er hatte wie Jesus unvernünftig lange in der Einsamkeit gelebt und nichts Rechtes gegessen – hätte man ihn beinahe wie Jesus niedergemacht, nicht wegen seiner Lehre, sondern weil er den Geschäftsinteressen der Hoteliers und der Priesterschaft rund um den heiligen Stein, die Kaaba, in den Weg trat. Nun, erinnern wir uns, auch Jesus hat sich theoretisch und praktisch durch die Geschichte der Tempelverwüstung mit der Sippenliebe und den Riten des jüdischen Klerus auseinandergesetzt. Ein tödlicher Fehler, wie er zu spät - Mein Gott, warum hast du mich verlassen- feststellen musste.

Machen Sie's also lieber wie Mohammed. Er schloss Kompromisse. So bezog er den Kult des heiligen Steins in seine Religion ein, pries Jesus als seinen Vorgänger usw. Nehmen auch Sie Glaubenselemente aus allen Regionen, allen Riten, allen Kulten auf. Verschaffen Sie sich dadurch zusätzlich eine internationale Kundschaft. Letzter, aber eigentlich selbst-verständlicher Punkt ist die Branchen-kenntnis.

Außerdem, Werbung ist wichtig, oder wie die Akademiker sagen: "Publish or vanish". Inserieren Sie, halten Sie Vorträge, versuchen Sie ins Fernsehen zu kommen. Läuft der Betrieb erst mal, wird man von selbst auf Sie aufmerksam werden nach dem Motto: das kann doch nicht alles Schwachsinn sein, irgendetwas muss doch dran sein, wenn so viele Menschen diesem... nachlaufen.

An die Stelle dieser drei Punkte setzen Sie einen zugkräftigen Titel, am besten aus dem asiatischen Raum: Siddharta, Buddha, Bhagwan, Krishna, Mahavishnu oder schlicht Meister. Da Sie natürlich nichts zu verkaufen haben, wie die ebenfalls sehr erfolgreichen Schneider aus den Märchen „Des Kaisers neue Kleider", müssen Sie umso schlagkräftigere Ziele für ihr Tun anbieten. Wie wäre es mit „Samadhi-Therapie", „Reinkarnation in vierzehn Tagen", „Katharsis - Hemmungslos für zweihundertfünfzig Euro im Monat, „Entfalten Sie ihre kosmische Intelligenz"?

Bedenken Sie, dass in der heutigen materialistischen Zeit mit Versprechungen für ein Leben nach dem Tod kein Geld mehr zu machen ist, unter anderem, weil das Monopol bereits bei einem in Rom ansässigen Kollegen liegt. Nun, werden Sie sich kritisch fragen, wenn ich nichts, aber absolut nichts zu verkaufen habe, wird sich dann überhaupt Kundschaft einfinden?

Seien Sie unbesorgt. Zwei Dinge sprechen dafür - erstens ihr wacher Verstand und zweitens die chronische Dummheit vieler Menschen. Diese Dummheit ist jedoch kein Wiegengeschenk, keine genetische Anlage, sondern muss sorgfältig anerzogen werden, durch autoritäre Führung die den Verstand knebelt, durchs Vollpfropfen mit schwachsinniger religiöser Dogmatik, durch die schulische Ausbildung in der richtigen Art zu denken, Bücher zu lesen, Politik zu verstehen. Spätestens nach vierzehn Jahren ist der Durchschnittsmensch dann so weit, dass er nur noch funktioniert, zu Diensten ist, sein Leben nicht mehr lebt, sondern mit einem Brett vor dem Kopf durch das Leben hastet. Ein Kopf, in dem sich als Ausgleich für ein leeres Leben die wildesten Fantasien ausbreiten. Das ist ihr Nährboden.

Sie sehen vor sich diese kontaktgestörten Kopfmenschen. Entwickeln Sie eine Lehre, die diesen erlaubt, so zu sein, wie es natürlich wäre, nämlich wie Kinder. Schaffen Sie sodann Rituale, die es diesen erlaubt, zusammen zu finden, miteinander zu reden, sich zu berühren. Wie dankbar werden sie Ihnen sein, jemanden zu finden, der ihnen mit großer Autorität gebietet, das zu tun, was sie sich selbst nicht mehr zu tun trauen. Rituale des sozialen Kontakts gibt es natürlich auch in den Kirchen allerdings in einer recht freudlosen Form. Es gibt sie auch in sogenannten Therapiegruppen, die nichts anderes sind als Kinderspielplätze. Am besten kombinieren Sie beides und schlagen sie der Konkurrenz ein Schnippchen.

Falls Sie das Thema „Weltverbesserung" auf ihrer Agenda haben, können Sie spirituelle Filialen gründen. Die Mitgliedschaft wird dann nur denen vergeben, die einen Geldbetrag für die Bewegung spenden. Sie sehen schon, ein weiteres, lukratives Geschäftsfeld. Und da ihre Bewegung einem übergeordneten Ziel dient, können Sie auch von den Mitbewohnern dieser Zentren erwarten, dass sie für ein Bett und Nahrung für Sie arbeiten. Herrlich, keine Löhne, also auch keine Lohnnebenkosten.

Sie, der Guru, der Meister, therapieren natürlich nur zu Anfang Ihrer „Bewegung". Dann geben Sie diese Arbeit ab. Delegation ist das Prinzip effektiven Managens. Schaffen Sie sich lieber einen Personenkult. Verpassen Sie wie jede Region, Partei oder Therapie-einrichtung Ihren Anhängern preiswerte Halsketten an Stecknadeln oder Orden, zum Beispiel Kruzifix, Mala, Leninorden. Kostenlos natürlich, denn das ist Ihre Werbung. Gelingt es Ihnen noch, Ihre Anhängerschar davon zu überzeugen, dass diese eine Einheitskleidung tragen sollten, sind sie wirklich aus dem Schneider. Jeder gelbe, rote und blaue oder schwarze Mitläufer Ihres Kultes wird versuchen, dies seinen Freunden plausibel zu machen, aus Angst, sich sonst zu blamieren. Er wird von ihnen schwärmen wie vom HSV von Krishna, Mao, Mussolini oder Jesus. Bald brauchen sie nur noch Audienz zu geben, huldvoll neue Mitglieder einzuweihen und den Stand ihrer Bankkonten zu kontrollieren. Nun, wie wäre es, ein Bhagwan, Maharishi oder ein großer Meister werden?

17. Das Wunder der Anlageberatung

Die renommierte Wirtschaftsauskunftei Schimmelpfeng wagte 2008 die Behauptung, fünfundsiebzig Prozent aller Anlagefirmen seien unseriös bis kriminell. Diese vernichtende Auskunft hindert viele Besserverdiener wie Ärzte, Apotheker, Unternehmer und Anwälte jedoch nicht, in den letzten Jahren 100 Milliarden in die Anlageoptimierung zu stecken. Angelegtes Geld soll helfen, Steuern zu sparen, wenn möglich auch eine Rendite, Geld, abzuwerfen.

Ein Beispiel für eine misslungene Anlage ist die Entwicklung einer Wasserpumpe durch eine deutsche Firma. Sie versuchte in einigen Entwicklungsländern solargetriebene Wasser- pumpen zu vertreiben. Nach Zahlung des Anschaffungspreises von 1500 Euro könnten dann indische Reisbauern mühelos, sofern die Sonne scheint, Wasser auf ihren nächsthöheren Reisetagen pumpen. Leider passierte der Firma ein Patzer. Auf ihrem teuren Vierfarbenprospekt sah man im Hintergrund einen Esel. Niemand wollte die Wunderpumpe kaufen und Tausende von Euros Entwicklungskosten waren in den Sand gesetzt. Nun, werden Sie sich fragen, was mag das für ein Esel sein? Dieser Esel lief an einem Stock gebunden im Kreis und pumpte dabei Wasser. Ohne Ersatzteile, ohne Sonne, ohne Wartungskosten. Eine seit Jahrhunderten bewährte Erfindung.

Nun sind menschliche Esel nicht so selten. Bei den meisten Eseln kann man sicher sein, dass sie auf jeden

Betrug hereinfallen. Da gibt es Eheanbahnungsinstitute, die jedem Interessenten mit einem „typähnlichen" Partner gegen einige tausend Euro Vertragskosten den Mund wässrig machen. Dann müssen Sie im leider mitteilen, dieser Partner komme wohl doch nicht infrage. Da gibt es Scheinfirmen – Standort Panama oder Liechtenstein –, die Fertighäuser nach Alaska liefern, Vogelsand in die Sahara recyceln oder in Long Island nach Gold graben. Ich übertreibe natürlich maßlos.

Absolut sichere Anlagen im Waren- termin-handel bieten dagegen Firmen in Lugano an. Die Telefonanschlüsse sind in Deutschland, die Anrufer kurz angelernte unwissende Studenten. Diese rufen die Opfer an, angeblich aus Lugano, weil die Schweiz als ein Hort der Seriosität gilt, und bitten um die Übersendung von Schecks. Nach acht Tagen existiert die Firma nicht mehr, der Scheck wurde aber eingelöst.

Oder die „englische" Filmfirma, die in Berlin nach jungen Talenten suchte, bediente sich des „**Luftballons Prinzips**": groß, glänzend und leer, wie eben Ballons sind. Die Firma mietete sich ein Büro am Kurfürstendamm, möblierte es großzügig und ließ etliche Telefone installieren. Die per Anzeige geworbenen „neuen Gesichter" schickte man zum speziellen Fotografen gegenüber, der für fünfundvierzig Euro, allerdings mit leerer Kamera die Bilder schoss, die dann direkt an die Stammfirma nach England gehen sollten. Der Vorteil dabei waren die kleinen Beträge und die vielen Geschädigten, die einer Recherche der

Staatsanwaltschaft im Wege standen. Insgesamt erwirtschaftete die Firma in zwei Wochen einen Gewinn von dreihunderttausend Euro. Das gleiche Prinzip habe ich vor einigen Jahren in Karlsruhe erlebt.

Auch andere Vereinigungen können nach dem **Luftballon-Prinzip** gegründet werden. Die Spendenbilanz sieht folgendermaßen aus: Zehn Prozent für Biafra, neunzig Prozent für mich, meine „Angestellten", die Aushilfen auf Provisionsbasis oder mit einem vierhundert Euro Vertrag. Die Provisionsbasis kann man wie folgt regeln, Sie schalten eine Anzeige „Mitarbeiter für Telefonmarketing gesucht. Hoher Verdienst." Nach Sortierung der Neuen geben Sie das Ergebnis den Bewerbern einzelnen bekannt, nicht als Gruppe. Sonst könnten sie sich vielleicht solidarisieren. Geben Sie nun bekannt, dass sie zur Probe erst einmal tausend Anrufe tätigen sollten. Sollten sie sich bewähren, bekämen sie zehn Prozent der angelegten Summe als Provision. Nach tausend Anrufen teilen sich den Neuen mit, dass ihre Ergebnisse leider nicht den Erwartungen entsprächen. Absolut legal. Nun können die nächsten Neuen kommen. Schriftliches gibt es nie.

Im Prinzip funktionieren auch solche Firmen, die sich neue Mitarbeiter zu hundert Prozent vom Arbeitsamt finanzieren lassen und sie nach Ablauf der Einarbeitungszeit wieder an die frische Luft setzen.

Das Luftballon-Prinzip hat durch die neuen Medien Auftrieb erhalten. Heute ist es jedoch unerlässlich, den halbleeren Büroraum mit einigen Laptops zu bestücken, auch wenn auf diesem Laptop nur gespielt wird.

Noch ein letzter Tipp für die angehenden Kollegen. Wenn Sie selbst es zu Geld gebracht haben, legen Sie es nicht in Warentermingeschäften an, nicht an der Börse, nicht in Immobilien und nicht in Kunst. Legen Sie es vielmehr auf ihr Schweizer Nummernkonto. Damit wenigstens Sie ruhig schlafen können.

18. I believe in miracles- oder warum es Wunder gibt, von denen man als Hochstapler profitieren kann

Würden Sie seinem Rat folgen, wenn Ihnen ein glaubwürdiger Heilkundiger empfiehlt, aus einer kleinen Flasche gefüllt mit einer Mischung aus Alkohol und Wasser, jeden Tag ein paar Tropfen einzunehmen, wenn Sie eine ernsthafte Erkrankung haben?

Die Frage scheint banal. Natürlich nicht. Die zweite Frage ist: Wenn Sie an einer ernsthaften Erkrankung leiden, für die die Schulmedizin keine Erklärung und keine Therapie bereithält, würden Sie dann die Tröpfchen zu sich nehmen? Auch hier würden Sie wahrscheinlich auf die Einnahme verzichten. Dritte Frage: Wenn Sie eine ernsthafte Erkrankung der obigen Art haben und daran glauben, dass in dem Fläschchen eine heilsame Substanz wäre, würden Sie sie dann einnehmen? Hier wäre wahrscheinlich die Antwort. „ja".

Nun kommen wir zu einer weiteren Frage die nicht so einfach zu beantworten ist. Werden Sie durch die Einnahme der Tröpfchen wieder gesund werden? Wenn Sie kurz nachdenken, werden Sie natürlich verneinen. Dass nun ist aber zu kurz gedacht. Der Mensch ist eine Mischung aus Körper und Geist. Wenn Sie einem Menschen hypnotisieren, ihm sagen, dass die Zitrone, die er blind in der Hand hält, eine köstlich schmeckende Orange sei, so wird er, wenn er hineinbeißt, nicht erschrecken, sondern wird von dem Wohlgeschmack berichten.

Eigentlich genügt schon dieses einfache Beispiel um uns davon zu überzeugen, dass man einem Menschen alles einreden kann und über dessen Geist die sinnliche Wahrnehmung, die Gefühle und die Organe steuern kann. Schon kleine Kinder kennen die wundersame Wirkung von Trostpflaster, Erwachsene sind empfindlich für Berührungen an bestimmten Körperstellen, die Sie dann als warm oder kalt oder heilend empfinden werden.

Je nach Kulturkreis muss der Heilende seine Glaubwürdigkeit beweisen. Bei uns sind heilende Menschen durch akademische Titel, weiße Kittel, geheimnisvolle Medikamente, deren Namen man nicht versteht, und durch ein gutes Renommee der Patienten glaubwürdig. Gerade der letzte Punkt scheint jedem Hochstapler als besonders schwierig. Es ist aber ganz einfach. Wenn zum Beispiel fünfzig Prozent der Patienten durch die Einnahme von Placebo-Tröpfchen geheilt werden, werden sie dies weitererzählen. Die anderen werden vermutlich nur einen anderen Heiler oder eine andere Heilerin suchen.

In der heutigen Zeit gehört ein Minimum an Sachkunde und einem Maximum an Gerätschaften zur Standardausrüstung eines Hochstaplers. Dazu ein Beispiel aus der Praxis.

Ein Heilkundiger hat eine ansprechende Praxis, ein Gerät, mit dem er herausfinden kann, welchen Noxen also schädliche Einflüsse, chemischer, physischer Art oder psychischer Art auf den Kranken eingewirkt haben. Da der Heilkundige die Ansicht vertritt, gestörte Organe hätten eine ungewöhnliche Sinusschwingung, verfügt er außerdem über ein Gerät, das diese Schwingung umkehrt und auf das Fläschchen mit der Wasser-Alkohol-Verbindung überträgt. Die Patienten bekommen das Fläschchen mit nach Hause und sollen unbedingt drauf achten, genau fünf Tropfen morgens, mittags und abends zu sich zu nehmen. Das besagte Gerät ist innen leer. Drähte führen von einer Platine zur nächsten Platine. Sonst passiert nichts.

Sie ahnen schon, was passieren wird. fünfzig Prozent der Patienten sind vollkommen begeistert, werden gesund, zahlen eine hohe Rechnung und erzählen überall weiter, wie toll und ungewöhnlich der Heilkundige ist.

Sie sehen, dass sich seit dem Mittelalter nicht viel verändert hat. Magische Tränke, die gegen alles helfen, von Zahnweh über Bauchschmerzen bis zu Bronchitis, lassen sich auch heute noch gewinnbringend verkaufen.

Für diese „Wunder" gibt es auch Namen: Die Heilkunde spricht von „Psychosomatik":

„Diese funktionelle Theorie der organischen Störungen bedeutet im Wesentlichen die Anerkennung chronischer, innerlicher Ursachen von Krankheiten neben akuten äußerlich ursächlichen Faktoren. Mit anderen Worten: Viele chronische Störungen werden primär nicht von äußerlichen mechanischen oder chemischen Faktoren oder von Mikroorganismen verursacht, sondern durch die anhaltenden funktionellen Belastungen, die sich im Alltagsleben des Individuums bei seinem Existenzkampf ergeben.

Jene emotionalen Konflikte, die die Psychoanalyse als Grundlage von Psychoneurosen und als letzte Ursache bestimmter funktioneller und organischer Störungen erkannt hat, entspringen während unseres täglichen Lebens aus unserer Berührung mit der Umwelt. Furcht, Aggression, Schuld, versagte Wünsche rufen, wenn sie verdrängt werden, anhaltende chronische emotionale Spannungen hervor, die die Funktionen vegetativer Organe in Unordnung bringen. (Alexander,F.: Psychosomatische Medizin, S. 26.)

Die Tröpfchen, Tabletten und Pasten, die nichts nutzen, aber wirken, nennt man „Placebo"-Medikamente. Diese gibt auch ein gewöhnlicher Arzt, wenn er nicht weiterweiß. Im Mediziner-Latein heißt das dann: „Quod fiat aliquid", d.h. „Damit überhaupt etwas passiert".

Sie sehen schon, hier ist ein großes Arbeitsfeld für Hochstapler und Betrüger, die man, wie wir jetzt gelernt haben, eigentlich nicht einmal Betrüger nennen kann. Denn sie helfen manchmal tatsächlich.

19. Oh, die Liebe…

Was uns alle im Tiefsten bewegt, ist der Wunsch, dazu zu gehören. Sei es eine Nation, eine Fußballmannschaft, ein Musikstil, eine Clique oder eben wenigstens zu einer Person, die einem versteht, die einem hält, wenn alle Stricke reißen, die uns zärtlich umfängt, wenn die Wogen des Lebens über uns hereinbrechen. Die an schönen Tagen das Leben noch schöner macht, die uns versteht, mit uns fühlt, in einem Gleichschritt mit uns wandert, vielleicht in vielen Momenten dasselbe wie wir selbst sagt und empfindet, jemand, mit dem du dich auch ohne Worte verstanden fühlst.

Ist es da ein Wunder, dass sich auch Betrüger auf diesem lukrativen Feld tummeln. Es fängt an bei der Balz, wie es bei Tieren heißt, oder der Brautschau für eine Nacht oder das Leben. Es fängt bei einfachen Tricks an, wie künstliche Wimpern, Wangenrouge, Mascara um die Augen über künstlich aufgepolsterte Busen bis zur Gesichtsstraffung mit Botox. Nichts ist den Damen der Schöpfung wichtiger, als den besten, hübschesten, humorvollsten und betuchten Partner an Land zu ziehen und dort zu behalten.

Aber auch bei den Männern wird nicht gespart an Föhnfrisuren, Färben der Haare, Haarteilen. Auch das Shapen(=Formen) der Figur hat einen hohen Stellenwert. Bei Männern ist traditionell auch das Ambiente wichtig, also der teure Anzug oder die teure Sportbekleidung, das E-Bike für viertausend Euro oder der Sportwagen für achtzigtausend. Nicht schlecht ist auch das eigene Heim oder wenigstens das Luxuswohnmobil oder die Jacht.

Nicht alles kann man sich ad hoc leisten, für manchen kosmetischen Eingriff muss eine Frau lange sparen. Dass ein Luxusauto auch für fünfhundert Euro pro Monat geleast werden kann, ist eine praktische Funktion für den Angeber. Das alles ist kein Betrug: Es ist wie das Auffächern des Gefieders des Pfaus, der schöne Gesang der Vögel oder das üppige Geweih eines Rehbocks Teil des Balzrituals.

Wo beginnen denn nun die Betrügerei und die Hochstapelei im Liebesspiel? Auf jeden Fall dann, wenn der Wunsch nach einer Partnerschaft schamlos ausgebeutet wird.

Nehmen wir ein älteres Beispiel: Eine steinreiche Industrielle bewegt sich nur in Luxushotels, trägt die phantastischen Kleider der angesagten Couturiers, spricht wie eine Fernsehansagerin, verkehrt nur mit Personen ihrer gesellschaftlichen Schicht. Eines Tages kommt sie in Kontakt mit einem etwas jüngeren, charmanten Mann, der im gleichen Hotel abgestiegen ist. Er ist eine Augenweide und er macht ihr nicht nur schöne Augen, er versteht es auch, eine gute Konversation zu machen, sondern auch ihr Herz zu gewinnen. Denn die Dame ist, trotz ihrer Noblesse, in Wirklichkeit einsam in all ihrem Reichtum. Es gelingt ihm, sie auf sein Zimmer zu lotsen und so beginnt eine heftige Romanze.

Einige Zeit später bekommt sie ein Video zugespielt, das sie im heftigen Liebesakt mit dem neuen Freund zeigt.

Er droht damit, dieses Video zu veröffentlichen, was sie um jeden Preis verhindern möchte, dafür ist sie zu bekannt. Das kompromittierende Video soll hunderttausend Euro kosten. Ein Pappenstiel für diese Dame. Leider hat der Erpresser sich verrechnet, denn „von Reichen kann man das Sparen lernen"- Sie geht zu Polizei und er wird verurteilt.

Was hier im großen Stil passiert ist, passiert täglich auf niedrigerem Niveau. Mädchen und Frauen werden dazu gebracht, an die große Liebe zu glauben und schicken dem Erpresser immer mehr von indiskreten Fotos, damit er die vorherigen nicht publiziert.

Oder Männer finden auf Partnerbörsen angeblich interessiert Frauen, mit denen sie einen Chat, ein Gespräch, beginnen. Man tauscht sich aus über Interessen und Wünsche, angebliche Lebensläufe und schließlich, wenn der Fisch angebissen hat, bittet man ihn zum Beispiel um die Kosten eines Flugtickets, damit man sich endlich in die Augen sehen kann. Oder der Bruder der Angebeteten ist plötzlich erkrankt und sie bittet ihn mit zartem Wimpernschlag, dort kurz mit Geld auszuhelfen, da die Behandlung teuer sei.

Vieles, was man unter Hochstapelei oder sanften Betrug in der Brautwerbung abtun könnte, passiert, weil man nicht alleine sein möchte. Allerdings hat dieser „Maskenball in Internet" (siehe Literaturliste)
siehe Literaturliste) auch seine Nachteile. Am ärgerlichsten ist die viele vertane Zeit, wenn man trotz aller Anstrengung keinen Erfolg hat. Deshalb kann der ich

nur davon abraten, sich als jemand anderes zu präsentieren. Es erscheint ihm wichtiger, für sich herauszufinden, wo stehe ich in der Gesellschaft, was sind meine Schwächen und Stärken, kann ich vielleicht noch ein wenig punkten, wenn ich etwas lese oder den kleinen Bauch abtrainiere. Aber erstens kann man sich nicht komplett verstellen, es sei denn, man macht dies zum Beruf, und zweitens gibt es für „jeden Topf einen Deckel". Bescheidenheit und Ehrlichkeit sind hier die besten Ratgeber.

20. Werbung ist alles!

Es geht hier um Sprache. Wir werden nicht nur von Produkten, sondern auch von der Sprache verwirrt, im Marketing und auch in der Politik. Dass wir dabei betrogen werden, nehmen wir inzwischen nicht mehr zur Kenntnis. Schon sehr früh hat Packard auf diese Tatsache hingewiesen. Heute arbeitet die Werbung außer mit Worten mit einer Bildersprache (hierzu z.B. meine Examensarbeit, die sich mit Alkohol und Zigarettenwerbung befasste). Inzwischen spielt in der Fernseh- und Internetwerbung auch die Musik eine große Rolle. Während wir uns gegen sprachliche Beeinflussung / Betrug noch einigermaßen zu schützen wissen, werden Bilder und Musik unmerklich im Unterbewussten verankert.

Die Nazis arbeiteten, indem sie bei der US-amerikanischen Werbeindustrie Anleihen aufnahm, mit modernsten Methoden der Massensuggestion. Wie Werbung uns beeinflusst und betrügt, dazu eine kleine Auswahl von Beispielen:

Werbung im Sinne von Braut-/Bräutigamwerbung gibt es auch im Tierreich. Nicht nur, dass die Geschlechter unterschiedlich aussehen wie zum Beispiel bei Enten, sondern auch durch ein besonderes Gehabe, durch Aufplustern des Gefieders beim männlichen Pfau. Die Weibchen bei den Menschen tragen BHs mit Einlagen, um den Wert im Sinne besserer Versorgung des Babys zu demonstrieren. Dazu gibt es gefärbte oder künstliche verlängertes Haarkleid, künstliche Wimpern und Wimperntusche. Seit einiger Zeit gibt es auch praktische Kleidung wie hautenge Leggings, bei denen es nicht mehr schwierig ist, die darunterliegende attraktive Figur zu entdecken. Bei Männern wird der Body im Fitnesscenter geformt (geshaped) oder der Geist wird in Konversation geübt, in Frankreich ist Rhetorik sogar ein Schulfach. Außerdem werden die Früchte der eigenen Kompetenz zur Schau gestellt. Das bekannte - das Auto, das Haus oder die Jacht. Dass man heute fast alles leasen kann, macht es für die Männer leichter.

In der inzwischen reduzierten Alkoholwerbung wird den Konsumenten suggeriert, durch das Trinken eines bestimmten Bieres zu gemütlichen Gruppen zu gehören, frisches Quellwasser zu konsumieren, am Tresen als geschätzter Gast begrüßt zu werden, der Gerstensaft selbst wird golden, im Glas perlend wie ein Wundertrunk präsentiert.

Heilpflanzen werden über Werbespots, lächelnde Protagonistinnen und angebliche Studien als hochwirksam verkauft, ohne darauf hinzuweisen, dass die Dosierung oder die Applikationsart wenig Wirkung verspricht.

In der Politik zwingt der rechte Propaganda-apparat die Regierung selbst dazu, markante Ausdrücke zu verwenden. Man denke nur an die Bazooka von Bundeskanzler Scholz.

Adolf Hitler hielt seine Reden vor großem Publikum gerne am Abend. In den Abendstunden ist das Gehirn weniger aktiv und damit weniger auf der Hut vor suggestiven Fragestellungen wie: „Wollt ihr Butter oder Kanonen". Ein normaler Mensch hätte nie „Kanonen" geantwortet. Gerne wurden Reden der Nazigrößen auf dem Marsfeld in Nürnberg gehalten. Der Effekt, dass man sich als Teile eines Ganzen fühlt, hält einen von individueller Widerrede ab. Effekte der Massensuggestion sind heute in Fußballstadien spürbar.

Das Radio, das Fernsehen und die sozialen Medien leisten hervorragende Dienste, indem sie Botschaften vervielfältigen. Schlagworte wurden wie in der Waschmittelwerbung „Der weiße Riese", „Nicht nur sauber, sondern auch rein" kreiert von professionellen Werbefachleuten (Enzensberger,S. 307), zum Beispiel „Kraft durch Freude", Ein Reich, ein Volk, ein Führer" „Blut und Boden", "Volk ohne Raum"

Die Werbung arbeitet mit Archetypen, ganz im Sinne von C.G.Jung. Von den zwölf Archetypen die Jung beschreibt, sind es vor allem der Herrscher, der Pfleger, der Unschuldige, der Liebhaber und der Held, die in ihrer Rolle im Unterbewussten der Konsumenten eingesetzt wird. Immer wenn es um Haustiere und kleine Kinder geht, wird der Pfleger und der Unschuldige hervorgeholt. Der Held ist der, der in ausweglosen Situationen Rat weiß, heute nicht mehr mit Pferd und weißer Rüstung, sondern im Arztkostüm, wo er Mittel gegen Karies, Haarausfall oder Inkontinenz anpreist. Der Liebhaber und der Pfleger sind zuständig für gute Stimmung in der Familie, die sich ganz leicht mit den richtigen Fertigpizzas oder Süßwaren herbeizaubern lässt.

21. Das bequeme Leben des Michael X

Will man als Betrüger billig überleben, kann man an der Nahrung sparen und immer gestreckte Nahrungsmittel einkaufen. Um dabei zu überleben, muss man lediglich ab und zu Vitamin- und Mineralstofftabletten einnehmen. Es soll Menschen geben, die auf diese Art mit hundert Euro im Monat überleben. Es geht aber auch mit weniger Entbehrungen, es geht auch mit purem Luxus.

Ein Betrüger, so berichtete die BNN, lebte zwei Jahre in einem Hotel und häufte für Unterkunft und Mahlzeiten zweihundert- tausend Euro an Schulden an. Schließlich wurde es dem Hotelier zu dumm, man prüfte seine

Zahlungsmöglichkeiten und konnte den Mann anzeigen. Selbstverständlich wurde er zu drei Jahren Gefängnis verurteilt. Das Geld konnte er nicht zurückzahlen. Im Gefängnis erhielt er wieder kostenlose Unterkunft und Mahlzeiten, allerdings minderer Qualität. Dafür nahm er an einem Lehrgang zur Reintegration teil. Er lernte die wichtigsten handwerklichen Kniffe für Schreiner, Maler und Installateure.

Nach seiner Entlassung machte er sich einen Namen als schneller und zuverlässiger Handwerker. Am liebsten ließ er sich von älteren Damen in deren Häusern einquartieren, denn es gab viel zu tun: Wände dämmen, Holzparkett verlegen, Wände streichen, Siphons austauschen, fehlende Ziegel austauschen, Steckdosen neu setzen. Er wurde von Hausbesitzerin zu Hausbesitzerin weitergereicht. Gern hatte man ihn als tätigen Gast im Haus. Manchmal auch länger. Bis es nichts mehr zu tun gab und er den Damen lästig wurde.

Michael X, wie wir ihn nennen wollen, lebte inzwischen schon zehn Jahre in unterschiedlich schönen Zimmern, wohl geheizt, voll verpflegt und natürlich kostenlos.
Man kann auch ohne Betrug durchs Leben kommen, wie Michael X immer wieder betont.

22. Exkurs: Die Pseudo-Hochstapler oder das Impostor-Syndrom

Viele von Ihnen kennen den Schriftsteller John Steinbeck, die Schauspielerin Jodie Foster, jeder kennt Albert Einstein. Was diesen herausragenden Menschen gemeinsam ist, sind ihre Selbstzweifel, ist der Glaube, sie seien die Erfolge nicht wert, die sie errungen haben.

„Tatsächlich existiert vor allem bei spät erkannten Hochbegabten das psychologisch anerkannte Phänomen, jahrelang unter dem Gefühl zu leiden, nicht wirklich klug und talentiert zu sein. Die Bereiche, in denen sich die Person dann unzulänglich fühlt, können dabei, genauso wie der Umgang mit der eigenen Unsicherheit, variieren. Ausbildung, Karriere, Partnerschaft oder Familie - das sogenannte **„Impostor-Syndrom** führt dazu, dass die eigenen Leistungen heruntergespielt oder Erfolge auf äußere Faktoren zurückgeführt werden, anstatt sie dem eigenen Können zuzuschreiben."(U.Alt, S.30) So mag es uns merkwürdig erscheinen, dass die hochtalentierte Judie Foster ihren Oskar zurückgeben wollte, dass Albert Einstein jahrelang in niedriger Position in Schweizer Patentamt arbeitete, oder John Steinbeck, dessen Menschenbild und dessen Gedanken über die ökologische Einbindung des Menschen heute phänomenal modern klingen, damals aber nicht anerkannt wurde. Das entmutigte ihn natürlich.

Zur weiteren Vita:

John Steinbeck gewann den Pulitzer Preis für den Roman "Grapes of Wrath" (Früchte des Zorns). 1962 erhielt er den Nobel Preis für Literatur. Jahrzehnte nach seinem Tod sind inspirieren seine Geschichten immer noch andere. Z.B. in dem Film "Dubious Battle" mit James Franco und Selena Gomez, basierend auf der gleichnamigen Novelle von Steinbeck repräsentativ für die damaligen Arbeiterstreiks.Also würden Sie sicher Steinbeck als großen Autor bezeichnen.

Er selbst hatte ein anderes Selbstbild. In seinem Tagebuch schrieb er: "Ich bin kein Schriftsteller. Ich führe mich selbst un die Leser an der Nase herum. Tatsächlich empfand er, dass die Charaktere, die er erschaffen hatte, viel stärker, reiner und tapferer waren als er selbst. (Quelle : Grammerly Bock, übersetzt durch den Autor.)

Ein Hobby teilen sich übrigens echte Hochstapler und Impostors. Während sich Hochstapler oft bemühen, sich gefälschte Zertifikate zu beschaffen, um Zutritt zu einem sonst verwehrten Beruf zu erlangen, treibt es Impostors gerne zum Zertifikatesammeln, eben, weil sie sich nie sicher sind, gut genug zu sein. „Gepaart mit einem gesunden und von Innen kommenden Wissensdrang entsteht so nicht selten ein kaum zu bremsender Teufelskreis (U.Alt.a.a.O. s. 32). Im Ergebnis kann ein Impostor-Syndrom einerseits zu Perfektionismus und Leistungsdruck führen oder zu Prokrastination, dem

Verschieben von Aufgaben, da man sich noch nicht genug vorbereitet fühlt.

Teil 2

Hochstapelei und Betrug in Wirtschaft und Politik

Eigentlich wollte ich nach dem ersten Band die Recherchen beenden. Ich dachte, die Prinzipien von Hochstapelei und Betrug genügend herausgearbeitet zu haben. Außerdem bestand die Gefahr, dass dieses Gedankengut in die falschen Hände fiel. Leider ist genau dies eingetreten. Anstatt, dass sich normale Leser auf das Buch gestürzt haben, um vor Betrügern und Hochstaplern geschützt zu sein, wurde fast die gesamte Auflage anscheinend von jenen Kriminellen gekauft, um ihre Performance zu verbessern. Wie anders lassen sich folgende Vorfälle erklären, die seit der Veröffentlichung des ersten Bandes eingetreten sind?

Der Druckerhersteller HP stellt Drucker her, dessen Ersatzpatronen fasst so viel kosten wie das Gerät. Andere Hersteller zogen nach. **Schraubenzieher-Prinzip.**

Marmeladenhersteller entdeckten, dass sie mit dreihundertfünfundsiebzig Gramm Gläsern viel mehr verdienen, als wenn Sie diese mit vierhundertfünfzig Gramm befüllen. **Stretching-Prinzip.**
Gerhard Schröder zieht sein Che-Guevara T-Shirt aus Jusozeiten aus und kleidet sich nur noch in Seidenanzügen. **„Meine Freunde aus JWD"**
Die Firma Flowtex aus Ettlingen in Baden-Württemberg erwirtschaftet Millionen mit nicht vorhandenen,

angeblich verleasten Boden-Bohrmaschinen. **„Luftballon-Prinzip".**

Der ehemalige Umweltminister der Grünen Jürgen Trittin, lenkte von seinem Atom-Kompromiss, 30 Jahre Restlaufzeit, ab, indem er das Dosenpfand einführt. **„Ovid-Prinzip".**

Als Autor fühle ich mich dadurch zu noch größeren Anstrengungen aufgerufen. Möge dieser zweite Band endlich dazu beitragen, kriminellen Betrügern und Hochstaplern das Handwerk zu legen.

23. Die goldene Kloschüssel oder die wundersame Erhöhung der Rechnung

Liebe Handwerker! Viele von Ihnen sind noch auf ein altes, eingefleischtes Arbeitsethos eingeschworen. Sie lieben Ihre Arbeit, sind wahre Tüftler, sind ehrlich und zuverlässig und mit Recht stolz auf eine gute deutsche Wertarbeit. Ihre Preise richten sich nach Materialeinsatz und Arbeitszeit. Sie können nach getaner Arbeit ihren Kunden freundlich die Hände schütteln und ihnen die Augen schauen. Aber sind wir einmal ehrlich. Ist es das, was Sie sich heute noch wünschen? Sie müssen sich entscheiden zwischen ehrlicher Arbeit mit einer starken Kundenbindung und dem schnellen Profit. Für beides je ein Beispiel:

Als meine Waschmaschine wieder einmal streikte, schraubte der Mann eines lokal bekannten und geschätzten Unternehmens eine halbe Stunde und behob den Fehler. Er schrieb eine halbe Stunde plus eine halbe Stunde Anfahrt auf und ging wieder: Rechnungsbetrag inklusive Mehrwertsteuer siebzig Euro.

Bei den Profis der Firma Siemens, war das anders. Sie schraubten fünfzehn Minuten. Dann öffnen Sie den Laptop mit integriertem Drucker und schrieben eine pauschale Rechnung. An- und Abfahrt plus Reparaturpauschale und pauschale Kleinteile macht Hundertzwanzig Euro. Sie sehen einen um siebzig Prozent gesteigerten Gewinn.

Wir wollen diese Methode zu Ehren dieser Firma die „Siemens-Methode" nennen, obwohl sie inzwischen viele andere Anhänger gefunden hat. Ein anderer Fall, in dem Siemens aktiv wurde: eine Spülmaschine streikt, der Siemens Techniker kommt, tut nichts, sagt aber, das sei die Aufgabe für einen Installateur. Kostenpunkt pauschal hundert Euro. Clever, nicht wahr?

Auch im Kfz-Handwerk taucht immer öfter diese beliebte **Pauschale** einstündige Arbeit auf. Für den Einbau eines Teils brauchte der ich
fünfzehn Minuten, obwohl er absoluter Laie ist. Die Werkstatt dagegen hatte im Kostenvoranschlag eine Stunde Arbeit berechnet, eben pauschal.

Blechreparaturen, eine unglaubliche Chance für Sie! Irgendwo ist ein Kratzer, eine kleine Beule nahe der Stoßstange. Das kann nur von einem kleinen Auffahrunfall herrühren, jedenfalls, wenn die Versicherung den Schaden bezahlt. Lackierungspauschale, Austauschgitter, Arbeits-zeitpauschale. So wird aus einer kleinen Beule, die erst sichtbar wird, wenn man sich der Stoßstange auf zwanzig Zentimeter nähert, eine Rechnung von vierhundertfünfzig Euro.

Der Klospülkasten musste repariert werden, eigentlich waren nur zwei Schrauben im Wert von fünfzig Cent zu wechseln. Aber es gibt eine neue Ausführung des Spülkastens, und die alten Schrauben gibt es nicht mehr. Also bestellt der „unkundige Kunde" einen neuen Spülkasten. Dieser kostet im Baumarkt fünfundsiebzig Euro. Der Handwerker kommt sofort wegen der Dringlichkeitspauschale, er fährt fünf Minuten zum Kunden, Anfahrtspauschale, arbeitet zehn Minuten, Arbeitspauschale, und rechnet einen Pauschalpreis für den Spülkasten ab. Zusammen dreihundert Euro. Sie glauben das nicht? Sie können sich nicht vorstellen, dass aus fünfzig Cent dreihundert Euro werden? Die Geschichte stimmt.

Ich habe sie selbst erlebt. Rechnet man die Handwerkerleistung in einen Stundenlohn um, so kommt man auf achthundert Euro. Das schafft nicht einmal ein Orthopäde. Aber seien wir einmal ehrlich. Ist ein Kloakademiker nicht genauso viel wert wie ein eingebildeter Arzt, der gerade Mal zwölf Semester studiert hat?

24. Die Diäten

Fitnessstudios und Zeitschriftenartikel sowie Bücher über Diäten haben immer Konjunktur. Vor allem in den anbrechenden Sommer-monaten droht nämlich manchem Mann ein Rettungsring oder bei Damen gibt es den gefürchteten Bikinialarm. Im Winter heißt das dann Winterspeck. Schätzungsweise zwanzig Prozent des Inhaltes vieler Männer-und Frauenzeitschriften handeln von nichts anderem als von Diäten und sonstigen Methoden, überflüssige Pfunde loszuwerden.

Früher konnte man das Problem mit zwei Ratschlägen abhandeln. Erstens: Iss die Hälfte und zweitens: Mach Tausend Schritte.

Heute darf jeder, dem es gelungen ist mehr als zwei Pfund abzunehmen, ein Geheimrezept veröffentlichen. Dass diese Leute ignorant sind gegenüber allen wissenschaftlichen Erkenntnissen und individuellen Essgewohnheiten, hindert diese Hochstapler jedoch nicht daran, den Füller bzw. den Laptop in die Hand zu nehmen.

Egal, ob gesundheitsschädliche Appetitzügler angepriesen werden, biologische Säfte, die dem Körper Sättigung vorgaukeln, Eier –, Gemüse –, Fleisch –, Kartoffeldiät, Trennkost, Makrobiotik, Brigitte-Diät, es bleibt immer dasselbe. Wer zu wenig isst, schiebt spätestens nach einer Woche Kohldampf und holt das versäumte nach. Das nennt man den Jojo-Effekt. Immer auf und ab.

Aber die Zeitschrift ist dann schon verkauft und man kann sie getrost zu den Exemplaren des Vorjahres legen, die eine andere, ebenso sinnlose Diät empfohlen hatten.

Ganz schlimm treiben es akademische Ernährungsgurus. Wenn ich ein Video sehe, auf dem ein Dr. med. irgendwo im Licht der aufgehenden Sonne mit gebleichten Zähnen bewaffnet ein Häuflein reinen Eiweißes frühstückt, weiß ich bereits, was die Stunde geschlagen hat: Kasteiung, Selbstzucht mit Mineralwasser und Marathonläufe.

Es nützt nichts, was diese Schwindler empfehlen. Wer es nicht fertig bringt, auf Hochkalorisches, denn Fett macht fett, und auf Schokolade, Süßgetränke, und versteckte Zucker, kurz auf alles zu verzichten, was dem Ausgleich des seelischen Frusts mancher Tage dient, wird auch mit den raffiniertesten Diäten nicht schlanker.

Mein Diät Tipp: für das Geld, das Sie jede Woche für die Zeitschriften, Diätbücher, angebliche Schlankmacher und dergleichen ausgeben, kaufen Sie sich lieber ein gutes mageres Fleisch, essen Sie wenig davon. Essen Sie Schokolade mit wenig Zucker, legen Sie sich hauchdünnen Lachs auf ein leckeres Brötchen, statt billigen Schmelzkäse kaufen Sie Hartkäse, Vollkornbrot anstelle von Gummi-Weißbrot. Übrigens: dieser Diät Tipp ist kostenlos.

25. Das Drei-Hütchen Spiel oder die Anlageoptimierung

Das-Drei-Hütchen Spiel, falls Sie es noch nicht kennen sollten, ist ein verbotenes betrügerisches scheinbares Glücksspiel. Dazu braucht man drei Hütchen, drei Komplizen, eine Murmel und ein Dummer. Dieser Dumme sollten nicht gerade Sie sein. Also, irgendwo in den unübersichtlichen alten Stadtvierteln europäischer Großstädte steht ein Mann, der zeigt, dass sich unter einem von drei Hütchen eine Murmel befindet. Dann schiebt er die Hütchen mit flinken Fingern nach rechts, nach links, nach oben und nach unten, und wenn Sie richtig raten, wo sich die Murmel befindet, bekommen Sie Ihren Einsatz, zum Beispiel hundert Euro verdoppelt. Ansonsten haben ihn verloren. Wie Sie gerade sehen konnten, ist es recht einfach, hundert Euro zu verdienen, denn ein Mann vor ihnen hat bereits beim Hütchen Spiel einen Schein verdient. Aber der Schein trügt, denn der Schein wandert bald wieder zurück in die Taschen des Veranstalters. Der Mann ist nämlich der Komplize, also ein Lockvogel. Der zweite Komplize steht Schmiere, denn das Spiel ist natürlich verboten und die Polizei könnte sich einmischen. Außerdem kommt dieser Mann ins Spiel, wenn Sie das Spiel verloren haben – und Sie werden es natürlich verlieren. Dann packt der zweite Komplize Sie beim Kragen, falls nicht willig sein sollten zu bezahlen und Ihr Geld zurückwollen. Dieser kleine betrügerische Komplott, jahrzehntelang erprobt und bewährt, hat erstaunlich viel mit moderner Anlageberatung zu tun.

Es geht dabei natürlich um größere Summen ab fünftausend Euro aufwärts. Das Spiel wird nicht in dunklen Straßenecken, sondern in lichten Glaspalästen gespielt, das Prinzip ist jedoch dasselbe. Das verwirrende Hin – und Her-Geschiebe von Hütchen wird ersetzt durch das unverständliche Auf und Ab von Aktienkursen, Anleihen, Rentenpapieren Indexpapieren und Optionen. Eine Person bietet sich an, aus Ihrem Geld ein Mehrfaches zu machen, wenn Sie ihr ihr Geld anvertrauen.

Der Komplize wird ersetzt durch Zeitschriften oder Bekannte, die vor Augen führen, wie man innerhalb von ein paar Monaten sein Geld vermehren kann, wenn man es nur richtig anlegt. Der Komplize Nummer zwei sichert das Ganze ab, indem er im klein Gedruckten darauf hinweist, dass die Wertentwicklung nicht garantiert werden könne und man per Unterschrift über die Risiken informiert worden sei.

Das Tolle an dieser Variante des Drei Hütchen Spiels ist, dass der Vermittler dieser todsicheren Anlage auf jeden Fall gewinnt, weil er eine prozentuale oder fixe Prämie für seine Vermittlung erhält, unabhängig davon, ob Sie ein Geld verdienen oder Geld verlieren. In den neunziger Jahren verloren viele Menschen nicht nur Überschlüssiges, sondern auch Rücklagen für ein sorgenfreies Alter, während andere Menschen sich eine goldene Nase verdienten.

Nehmen wir als Beispiel die Riester-Rente. Beim Abschluss dieser Rente, zum Beispiel bei der Allianz, werden erst mal einige Monatsraten an Gebühren fällig.

So konnte es vorkommen, dass man am Ende des ersten Jahres einiges weniger auf seinem Rentenkonto vorfindet als man eingezahlt hatte. Tja, man sollte diesen schmierigen Hütchenspielern einmal ordentlich auf die Finger hauen, denkt jetzt mancher Leser.

Aber es kommt eben immer drauf an, auf welcher Seite des Schalters man steht. Es ist kein Zufall, dass die Aktie der Allianz eine der wenigen ist, deren Wert kontinuierlich steigt. Und die Börsenmakler der Deutschen Bank erhalten als jährliche Prämie – zusätzlich zum hohen Gehalt – so viel Geld, wie mancher Bürger nicht einmal im Jahr verdient. Jahre später hat die Politik erst auf den Missstand bei den Riester-Renten reagiert. Frage an Sie: Warum, glauben Sie, hat das so lange gedauert?

26. Dialer und Dealer

Wer im ersten Jahrzehnt des neuen Jahrtausends lebt, musste einige neue Fremdwörter lernen. Er wusste natürlich von kriminellen Drogenhändlern, Dealern, die Schüler, Gefängnisinsassen, Sportler und Talkshow Master von sich abhängig machten. Was aber ein Dialer ist, wusste bislang keiner. Aber jeder konnte es am eigenen Leib bzw. am eigenen Geldbeutel erfahren.

Surft Otto Normalverbraucher glücklich auf den Wogen des Internets, so tauchen auf seinen Internetseiten plötzlich lustige Fenster auf, von denen er nicht wusste, woher sie kamen, und noch weniger, wie er sie wieder schließen sollte. Irgendwann blinkte dann irgendwo ein Bildchen, Icon, auf, so klein, dass er es leider übersah. Übersehen konnte er freilich nicht, dass seine Telefonrechnung über seine Präsenz im Internet Auskunft gab und plötzlich astronomisch hoch wurde.

Der Nachweis, dass er sich ungewollt in ein Netz eingewählt hatte, war sehr schwer zu erbringen. Nur äußerst zähe Zeitgenossen konnten dem Druck ständiger neuer Zahlungsaufforderungen widerstehen. Eine sprudelnde Geldquelle also für alle, die sich mit dubiosen Webseiten eine goldene Nase verdienen wollten. Ein einfaches Abrechnungsprogramm, das den Verbraucher mit seiner Telefonnummer identifizierte, ein Inkassobüro, vielleicht noch ein windiger Rechtsanwalt, ein paar unzüchtige Bildchen, und schon rollte der Rubel. Sollten Sie nichts von der Materie verstehen, seien Sie versichert, es ist nicht schwieriger, als bei eBay ein Auto zu ersteigern.

Hier ein paar Tipps für Nichtbetrüger, wie man sich vor solchen Machenschaften schützen kann: Erstens ziehen Sie den Stecker ihres PCs, wenn Sie auf eine merkwürdige Internetseite stoßen. Zweitens zahlen Sie einfach nie. Drittens erstatten Sie Anzeige bei der Polizei wegen Betruges. Viertens müssen Sie alle Cookies löschen. Das kann man in den Internetoptionen vorab so einstellen bzw. lehnen Sie es ab, dass man Cookies auf Ihrem Rechner platziert. Und lassen Sie bei der Telekom alle Nummern, die mit 9000 oder 0190 beginnen sperren.

Inzwischen gibt es auch Software, die ihre eigene ID verschleiert und damit den Zugriff auf ihre Daten erschwert.

27. Der Weg allen Geldes oder Grundkurs in Volkswirtschafts-Lehre

Dass Geld, Betrug und Hochstapelei etwas gemeinsam haben, braucht nicht erklärt zu werden. Grob gesagt ist für viele Betrügereien die Hochstapelei Grundlage. Vor allem dann, wenn man sich im Bereich der Politik, der Medizin, der Juristerei bewegt, also überall, wo Worte eine große Rolle spielen. Die Redekunst, auch Rhetorik genannt, wurde schon von den alten Griechen gepflegt.
Einer der eloquentesten Philosophen und Rhetoriklehrer war damals „Gorgias". In seinem Werk erzählt der berühmte Philosoph Platon, wie dieser Gorgias von Sokrates demontiert wird. Durch geschickte Fragestellungen bringt er ihn so weit, zuzugeben, dass die Rhetorik keine eigentlich produktive Tätigkeit ist, sondern ihren Sinn darin hat, andere Menschen zu manipulieren und zu unterwerfen.

Neben der Rhetorik ist auch die Volkswirtschaftslehre eine Wissenschaft, um die ein Betrüger nicht herumkommt. Die meisten Lehrbücher der Volkswirtschaftslehre fangen ganz einfach an. Beispielsweise steht da, dass jeder Mensch versuche, mit dem geringsten möglichen Einsatz den gleichen Erfolg zu erzielen oder mit einem festen Einsatz den höchsten Erfolg zu erzielen. Ziemlich bald erfährt der Leser, dass nicht alles, was erwirtschaftet wird, gleich konsumiert wird, sondern dass es auch eine Sparquote gibt. Dann gebe es auch noch Unternehmer, die investieren, und einen Staat, der sich eine Scheibe als „Staatsquote" abschneidet. Sodann gibt es noch das Geld, das ins Ausland wandert oder ins Inland kommt. Es gibt Geld das ins Ausland fliest, um dort Waren zu kaufen und ausländisches Geld, das nach Deutschland wandert um zum Beispiel vier Marderpanzer zu kaufen.

Wenn Sie soweit folgen konnten, haben Sie leider nur die Basis dieser Wissenschaft verstanden. Ab hier nämlich sind sich alle Professoren der Volkswirtschaftslehre uneins. Ist es zum Beispiel gut, wenn die Staatsquote niedrig ist in den USA, weil Otto Normalverbraucher sich mehr Currywürste kaufen kann? Oder ist eine hohe Staatsquote gut, weil dann der Staat Existenzgründer-darlehen vergeben und mehr Geld in Kindergärten stecken kann? Ist es gut, den Binnenmarkt abzuschotten, wie es zum Beispiel Ludwig XIV tat, oder sollte man ihn für Niedriglohnländer öffnen, damit sich dort auch eine zahlungskräftige Mittelschicht bilden kann, die unsere Produkte kaufen kann?

Ist Korruption, zum Beispiel ausländischer Politiker moralisch unerträglich, oder sollte unsere Rüstungsindustrie möglichst viele Politiker bestechen dürfen, damit mehr Panzer, U-Boote, Fregatten und

Maschinen-gewehre ins Ausland verkauft werden können? Womit dann unsere Wirtschaftskraft insgesamt gestärkt wird und mehr Arbeitsplätze in Deutschland erhalten bleiben?

Sie merken schon, es geht hier um ethische Fragen. Hier helfen keine mathematischen Kurven, auch wenn es in Volkswirtschafts-Lehrbüchern davon wimmelt. Außerdem gibt es noch einige dunkle Flecken in dieser Wissenschaft, Fragen, die noch kein Wissenschaftler beantworten konnte.

Wie viele Euroscheine sollten jedes Jahr frisch gedruckt werden, weil die alten Scheine abgegriffen sind, zu ersetzen? Warum wird die Geldmenge an das Bruttosozialprodukt angepasst und nicht konstant gehalten? Wenn eine Bank einen Kredit vergibt, warum darf sie dann mehr Kredite vergeben als sie Buchgeld hat, sogenannte Geldschöpfung? Was passiert eigentlich, wenn plötzlich alle Kunden Bargeld sehen wollen anstelle ihrer Kontoauszüge? Sind die Einlagen tatsächlich bis 100.000 € vom Staat abgesichert? Warum darf der Staat von unseren Ersparnissen fürs Alter, also aus der Rentenkasse, Geld entnehmen? Wozu wird dieses Geld verwendet? Warum werden von der Ökosteuer keine Abgase verringert und Solaranlagen bezuschusst, sondern die Rentenbeiträge des Staates finanziert?

Soll der Staat seine Schuldenquote reduzieren, damit nicht die kommenden Generationen mit Schuldentilgung überlastet werden, oder sollte jetzt unbedingt Geld in die Wirtschaft investiert werden?

Warum schreitet der Staat nicht ein, wenn immer mehr Schlüsselindustrien wie Robotik, Bauwesen, Schweißtechnik und sogar Häfen von Chinesen übernommen werden? Warum überlässt der Staat unersetzliche Bestandteile der Sozialen Marktwirtschaft den Scheichs?

So viele Fragen, so wenige Antworten.

Aber wen interessiert das? Muss ich als Otto Normalverbraucher verstehen, warum Vorstände von Firmen und Banken fünfzigmal so viel verdienen wie ich?

Was kostet es mich, wenn zwar das Bruttosozialprodukt ansteigt, ich aber beim Arzt sinnlosen Untersuchungen unterzogen werde und überteuerte Medikamente, teurer als sonst auf der Welt, bezahlen muss?

Soll ich mich aufregen, dass in Brüssel in sämtlichen Ministerien abgehalfterte Politiker für horrende Gehälter ein Gnadenbrot fristen, und deren teilweise vollkommen weltfremden Erlasse und Vorschriften mir das Leben schwermachen? Oder mich lieber freuen, dass in der Brüsseler Bürokratie die best-qualifizierten Beamten Europas arbeiten, die sich über diese obigen Politiker lustig machen.

(vergl. Die unterhaltsame Schilderung von R. Menasse „Die Hauptstadt" über Brüssel

28. Das Sein und das Nichts oder die Welt der reinen Philosophie

Der Philosoph Wittgenstein hat den Satz geprägt: „Worüber man nicht sprechen kann, darüber sollte man schweigen". Trotzdem gehört natürlich das Reden und Schreiben zum akademischen Geschäft. Der Ursprung aller philosophischen und theologischen Wissenschaften war die Wissenschaft von Gott. Der Schamane, der unverständliche Worte im Vollrausch daher plappert, das Orakel von Delphi in Zwiesprache mit den Göttern. Es sagt zum Beispiel: „wenn du den X überschreitest ist, wirst du ein großes Reich – welches eigentlich? - zerstören".

Doppeldeutigkeit, Unverständlichkeit und Missverständlichkeit gehören schon immer zu den großen und kleinen Philosophen. So zum Beispiel auch die Priester, die jahrhundertelang ihren Herrn in einer geheimnisvollen Sprache lateinisch ansprachen: adveniat regnum tuum. (dein Reich komme). Damit riefen sie die Bewunderung der Bevölkerung hervor, die mit dem Schicksal wie Hagel Feuer, Zehntsteuer, fremdgehende Männer und Frauen haderten.

Aus der Theologie entwickelte sich als erstes die Philosophie als Metatheorie über die Wissenschaft. Zu Beginn der Philosophie, im alten Griechenland, gaben sich nur wenige dieser Beschäftigung hin. Damals war kaum jemand bereit, mehr als Gottes Lohn dafür zu bezahlen. Einer der bekanntesten Philosophen, Diogenes, lebte freiwillig in einer Tonne. Die Reichweite der Aussagen der frühen Weisheitslehrer war begrenzt. In einfacher Sprache konnte man einfache Erkenntnisse vermitteln: „Geh mir aus der Sonne" (Diogenes) oder „Wenn ich in die Badewanne steige, läuft das Wasser über" (Aristoteles) oder „Vielleicht ist das alles nur Kino" (Platon) oder „Man badet nicht zweimal im gleichen Fluss" (Heraklit) oder „Keep cool" (Seneca).

Mit zunehmender Produktivität in der Landwirtschaft entwickelten sich auch die Wissenschaften weiter. Professoren erhielten ein Gehalt und das Fach wurde an Universitäten gelehrt. Dafür erwartet man von den Philosophen aber auch besondere Aussagen in einer eigenen Sprache. Das hörte sich dann zum Beispiel so an bei Fichte:

„Die Aufgabe der Philosophie: das Wissen, das heißt die Übereinstimmung des Subjekts mit dem Objekt, zu erklären." Und Fichte fragt: „Wie ist im Ich, im Geiste, eine Welt oder Natur möglich? Sondern man muss fragen: Wie ist von der Natur her, in der Natur, das Ich oder der Geist möglich? Möglich ist es nur, weil die Natur ursprünglich Geist ist, Geist von unserem Geist, Reales und Ideales im tiefsten identisch sind"

So wie Fichte klangen über Jahrhunderte die Philosophen. Sie sehen schon: wir verstehen genauso viel wie vom Küchenlatein der damaligen Priester.

Bis heute hat sich daran nicht viel geändert. Auf der übersprachlichen Ebene (sogenannte Meta-sprache) ist nichts richtig oder falsch, weil sich die Worte der Überprüfung entziehen. Also darf jeder Philosoph weiter vor sich hin fantasieren. Wer sich näher für das Thema „Worthülsen" interessiert, dem empfehle ich das Buch von Hayakawa (Literaturverzeichnis). Wenn Begriffe im luftleeren Raum schweben oder Garnichts bedeuten, ist für jeden wortgewaltigen Einsteiger der Weg in diesen Beruf offen. Aus einer wichtigen Einsicht über die Mechanismen des Kapitalismus kann man eine Theorie über viele Bände auswälzen (Marx/ Engels). Kaum einer hält sich an den oben genannten Satz von Wittgenstein. Auch andere Philosophen setzen leere Worthülsen in die Welt.

Eigentlich sollte es nach dem Grauen des Weltkriegs II mit der Philosophie zu Ende sein.
Weder Theologie noch Philosophie konnten den zweiten Weltkrieg verhindern. Trotzdem wird heute noch erfolgreich philosophiert.

Nehmen wir den Existenzialisten Sartre:

„Mit dem Erscheinen des Blickes des anderen enthüllt sich mir mein Objekt-sein d.h. Meine Transzendenz als transzendiert. Ein ich-als-Objekt enthüllt sich mir als das unerkennbare Sein, als Flucht vor den anderen, die ich in voller Verantwortung bin." (aus: Jean-Paul Sartre, Das Sein und das Nichts).
Versuchen wir zu übersetzen: Sartre ging oft fremd, um sich existenziell zu erfahren. Simone war deshalb sauer

(„enthüllt sich mir als das unbekannte Sein"). Mit seinem schielenden Auge war Sartre sich nicht sicher, ob er bei den Frauen landen könne. Also transzendierte er das Problem und schrieb darüber Bücher, die keiner verstand, die aber gerade deswegen die Frauen faszinierten.

Ein beliebiges Zitat aus dem Munde des in Funk und Fernsehen aufgetretenen Philosophen Peter Sloterdijk soll hier genügen:

„Gerade die von Nietzsche wieder eröffnete asketologische Sicht lässt die Kontinuität beim Übergang von der „heidnischen" antiken zur christlichen Welt deutlich hervortreten, ganz besonders in dem hier maßgeblichen Bereich: der Übergang des athletischen und philosophischen Asketismus auf den monastischen und ekklesialen modus vivendi". (Sloterdijk, P.)

Bei meinem Versuch, dieses Werk zu verstehen, musste ich jedes zweite Wort nachschlagen, die nicht einmal im Fremdwörterlexikon existieren.

Das erinnert an das Märchen „Des Kaisers neue Kleider". Dort bewundern alle Bürger die nicht vorhandenen Kleider des Königs. Niemand wagt zu sagen, dass er nichts sieht, nichts versteht, und erst Kinder erkennen die Hohlheit, die Lüge, die Hochstapelei. In der Philosophie findet sich ein wahres Eldorado für Schaumschläger. Der Volksmund sagt, wer nichts wird, wird Wirt. Könnte man also auch Philosoph werden?

Leider ist der Weg zum Philosophen doch etwas steiniger. Jahrelang muss sich ein Student, später ein

Doktorand, von seinem philosophischen Doktorvater als billige Arbeitskraft missbrauchen lassen, bevor er endlich den Lehrstuhl hat, den er ersehnt hat. Ob die Gefahr besteht, dass in Zukunft niemand mehr einem Philosophen lauschen möchte, darüber kann nur spekuliert werden.

Die Zeitung „Welt" schreibt dazu:

„Die deutschsprachige Gegenwartsphilosophie ist schon seit einigen Jahren unter Beschuss. Sie komme aus ihrem Elfenbeinturm nicht heraus, verstricke sich in strenge Publikationsverfahren und vermöge keinen Kontakt zu einem breiten Publikum mehr herzustellen, weder in der Vermittlung von Wissen noch in der produktiven Verstörung und Aufrüttlung tradierter Denkmuster, so lauten weitverbreitete Klagen."

(Die Welt: https://www.welt.de/kultur/article225636621/Philosop hen-Ranking-Von-wegen-Dichter-und-Denker.html

Es gibt auch ein Beispiel für Geschichtsphilosophie, die auf Fakten basiert und in verständlicher Sprache erklärt. Wer möchte, dem empfehle ich den Bestsellerautor Yuval Harari (siehe Literaturliste).

29. Die Geheimnisse erfolgreicher Schriftsteller oder die Notwendigkeit einer guten Pressearbeit

„Kannst du ein Geheimnis für dich behalten?", „Ich auch!" soweit ein Kinderscherz.

Geheimnisse sind jedoch selten geworden. Aus dem ins Ohr geflüsterten Wort sind Geheimnisse geworden, die von der Regenbogenpresse ans Licht der Öffentlichkeit gezerrt werden. Hemmungslose Paparazzi schießen Bilder vom Intimleben bekannter Persönlichkeiten: ob ein ehemaliger Minister verliebt in einem Pool planscht, ob Lady Di fremdgeht, ob Pavarotti heimlich weinte, wenn Christina Aguilera sich besonders obszön ins Bild setzt, ob ein Star gerade mit Trinken aufgehört hat oder mit Drogen angefangen, ob X etwas mit Y hat, den Lesern bleibt nichts verborgen.

Was Lieschen Mueller und Otto Normalverbraucher verborgen bleibt, ist, dass es sich gar nicht um Geheimnisse handelt, sondern um Publicity, PR. Persönlichkeiten des öffentlichen Lebens, wenn Sie nicht gerade lebenslänglich Königin oder Prinz sind, müssen im Gespräch bzw. im Bild bleiben. Beweisen wir diese Behauptung durch Falsifizierung der Gegenthese, indem wir feststellen, dass das Gegenteil falsch ist.

Stellen Sie sich einmal einen Schauspieler vor, den Sie seit einem Jahr nicht mehr in einem Film gesehen haben. Können Sie sich noch vage an ihn erinnern? Da hilft Ihnen sicher eine Meldung auf die Sprünge, er sei auf einer Party des berühmten X mit der berühmten Y gesehen worden.

Ob da etwas zwischen den beiden läuft? Und schon ist der Schauspieler wieder in Ihrem Gedächtnis und kommt vielleicht wieder ins Geschäft. Um gesehen zu werden, müssen die wichtigen Leute auf Opernbällen und auf Karnevalsveranstaltungen präsent sein.

Ganze Agenturen sind vollauf damit beschäftigt, das Bild, Image, einer Person, die dafür natürlich bezahlt, vor der Öffentlichkeit aufzubauen und zu pflegen. Wenn Sie die Öffentlichkeit von sich überzeugen wollen, als Künstler d.h. Maler, Schauspielerin, Schriftsteller, Sängerin, so ist Talent nur ein Mittel des Erfolges. Talent haben viele, das zeigen die immer wieder gern gesehenen Casting Shows. Aber eine gute Agentur zu haben, ist auch für einen Hochstapler sicher von Nutzen. Nur wer im Gespräch ist, erhält Einladungen für Bälle, Preisverleihungen, Vernissagen, Geburtstage, Talkshows. Wer einmal auf einer Verteilerliste steht, wird zur nächsten Promiveranstaltung weitergereicht.

Überlegen Sie also, ob Sie nicht ein Geheimnis haben, das Sie gerne der Regenbogenpresse mitteilen wollen. Wie wäre es mit einer Trinkerin als Mutter (Eminem), einer Heimkarriere (pink), einem Tattoo am Po oder einem ungewöhnlichen Hobby wie Briefmarken sammeln?

Lieschen Mueller wird immer bemüht sein, etwas Geheimes von ihrem Star zu erfahren Am liebsten liest sie, dass auch der Star ein Mensch geblieben ist. Wenn Sie alle paar Jahre einmal Schweinshaxe mit Knödeln essen, verraten Sie es, und Bayern liegt Ihnen zu Füßen.

Vertrauen Sie der Presse an, dass Sie gerne Tatort schauen und Otto Normal-verbraucher wird sofort wissen, dass Sie immer noch einer von ihnen sind.

Fassen wir zusammen: Geheimnisse dieser Art auszuplaudern gehört zum Geschäft. Echte Geheimnisse gibt es nur noch wenige. Heute ist an dieser Stelle das Bankgeheimnis getreten. Das letzte Tabu unserer Zivilisation. Jede Gesellschaft, jede Zeit hat immer das Wichtigste tabuisiert. Den Namen des Gottes, des Teufels, die Namen der Geschlechtsorgane. Heute ist nur noch das Bankgeheimnis heilig. Übrigens, wenn es um Strafverfolgung geht, wird das Bankgeheimnis in Deutschland auch einmal ad acta gelegt. Also schaffen Sie ihr Geld in die Schweiz in ein sicheres ausländisches Schließfach.

30. Kommt Kunst von Können? – oder wie wird man ein Kunstgenie?

Als Salvador Dali erstmals das Atelier von Picasso in Paris betrat, sagte er sich, dieser sei wohl der einzige, mit dem er in Konkurrenz treten müsse, alle anderen seien zweitrangig. An diesem Punkt seiner Biografie hatte er den Nagel auf den Kopf getroffen. Ein Genie erkennt das andere. Aber woran erkennt Otto Normalverbraucher, was weiß der Kunst-mäzen, was ist das Kriterium für Kunst sammelnde Zahnärzte und Bauunternehmer? Oder wie wählt ein Kurator eines Museums seine Kunstwerke aus, was wird eingekauft, was landet im Keller?

Um zu verstehen, was Kunst ist, muss man immer das gesamte gesellschaftliche Umfeld anschauen. Im Mittelalter gab es nur Heiligen Darstellungen, die von der Kirche bezahlt wurden. Heute sind diese Darstellungen für uns ermüdend, weil dem Künstler oft nur ein einziges Modell zur Verfügung stand und alle Gesichter sind sich irgendwie ähnlich sahen, und die Perspektiven sind grauenhaft schlecht. Erst in der Renaissance wurde es spannender in der Malerei. Genies wie Botticelli, Leonardo da Vinci, Hans Baldung, Tizian, Raffael und Dürer bedienten nicht nur ausschließlich der Kirche. Reiche Kaufleute konnten es sich leisten, porträtiert zu werden.

Die Künstler fingen an, anatomische und Naturbeobachtungen durchzuführen. Bis ins 18. Jahrhundert war die Kunst davon geprägt, reiche Kaufleute, oft auch vor wunderschönen Landschaften, zu porträtieren. Das war echte Arbeit. Einer der letzten Großen dieser Zunft, der französische Maler Meisonnier, stellte nach jahrzehntelangen Studien von Pferdebewegungen und deren Anatomie 1814 ein Bildnis von Napoleon her. Leider historisch ein bisschen zu spät! Bis dahin waren es eine schlechte Zeit für Amateure, denn hier war Augenmaß, Kompositionsfähigkeit, goldener Schnitt, Farbkontraste und Anatomiekenntnisse von Pflanzen, Tieren und Menschen vonnöten. Damals musste ein Kunstmaler noch etwas können.

Aber auch schon damals gab es Kunstfälschungen. Als Dürer zu Studien-zwecken in Italien weilte, waren seine Stiche schon erfolgreich und wurden gefälscht. Oder die kunstsinnige badische Markgräfin Karoline Luise, die Begründerin der Karlsruher Kunsthallen-Sammlung, saß schon einem Fälscher auf, als sie Gemälde des berühmten niederländischen Tiermalers Paulus Potter erwerben wollte und ihr stattdessen gleich sechs Fälschungen verkauft wurden. (BNN, 14.7.23)

Glücklicherweise brach kurz danach das Zeitalter des Impressionismus an. Amerika-nische Investoren kauften Monet, Manet, Renoir und Degas (vergl. King, R.), während die alt eingesessenen Maler in Frankreich die Impressionisten noch von Ausstellungen ausschließen konnten. Mit dem Impressionismus war nicht nur die Zeit der naturgetreuen Abbildung der Malerei vorbei, sondern es öffnete sich ein Tor in Richtung subjektiver Kunst.

Wer ab diesem Zeitpunkt blaue Pferde (Franz Marc), blaue Schwämme (Yves Klein), blaue Leinwand mit rotem Punkt (Miro) Bilder aus Comics (Liechtenstein), lustige Farbquadrate (Paul Klee, Mondrian), wüsten Bildersalat (Kandinsky), Tomatendosen (Warhol), Kopffüßler oder auf dem Kopf stehende Bilder malte (Baselitz) konnte immer auf seine individuelle künstlerische Freiheit pochen. Aber was von alledem ist nun Kunst?

Dazu schreibt Enzensberger in einem Artikel über das Fernsehen:

„Ohne die heroischen Pionierleistungen der modernen Kunst wären die Nullmedien (Medien ohne jede Aussage)

unvorstellbar. Die farbigen Flecken und Konfigurationen, an denen sich unsere sechs Monate alte Versuchsperson ergötzt, erinnern nicht von ungefähr an die abstrakte Malerei. Von Kandinsky bis zum action painting, vom Konstruktivismus bis zu den Niederungen der Op Art und der Computergraphik haben die Künstler getan, was sie konnten, um ihre Werke von jeder »Bedeutung zu reinigen. Soweit ihnen diese Minimalisierung gelungen ist, können durchaus als Wegbereiter der Nullmedien gelten. Unmittelbar fassbar wird diese Rolle in der Videokunst, auf deren avancierteren Produktionen so gut nicht mehr zu erkennen ist."
Enzensberger, a.a.O. S. 97.

Viele Künstler, die berühmt wurden, haben tatsächlich in ihren jungen Jahren fantastisch gemalt. Danach haben Sie sich eine eigene Richtung zugelegt, quasi ihr Markenzeichen. Künstler, die tatsächlich malen konnten und wollten, waren eher die Ausnahmen, z.B. Klimt, Schiele, Dali, Schatz, Picasso. Glücklicherweise werden diese Künstler immer von Kunstkritikern angegriffen, denen niemand zu widersprechen wagt. Gute Künstler haben nur eine Chance, trotz der Kritiker erfolgreich zu sein, wenn Sie zufällig einen Mäzen finden oder eine reiche Gattin haben, die Sie finanziert.

Wie wird aus einem Hochstapler, der nur wilde Kritzeleien fabriziert, ein anerkanntes Kunstgenie? Den Platz an der Sonne muss man sich hart erarbeiten. Manchen gelingt es auch ohne jedes Talent. Cézanne

schaffte es, seine blassen, langweiligen Landschaften zu verkaufen. Warum nicht das Mal Genie Gustave Courbet? Ganz einfach: Cézanne war befreundet mit dem Redakteur Emile Zola, der für seinen Freund begeisterte Kritiken schrieb. Courbet zeigte viel Sympathie für die einfachen Leute von Lande, Er wuchs in der französischen Kleinstadt Ornans auf. Außerdem war er auch politisch zu engagiert. Nur eine Zeit lang konnte er gut leben durch die kontinuierliche Unterstützung eines Mäzens.
Hierzu eine französische Quelle:

Hierzu eine französische Quelle:

Ab dem Jahr 1850 erfuhr Courbet internationale Anerkennung. Er lernt Alfred Bruyas kennen, einen reichen Sammler aus Montpellier. Dieser wird sein Mäzen und erlaubt ihm dadurch, in völliger Unabhängigkeit, fruchtbar zu arbeiten. Er wird in Brüssel, Berlin und Wien ausgestellt. Er bereichert seine Malerei mit neuen Themen wie Jagdszenen. Das Bild „L'Hallali du cerf", 1867 entstanden, heute im Museum der schönen Künste in Besancon, oder Bilder nackter Frauen wie „Le Sommeil", 1866, heute im Petit Palais in Paris.
(http://www.musee-Courbet.fr/?page_id=30)
(Übersetzung durch den Autor)

So ist es auch noch heute. Ohne Fürsprecher gelingt keine Karriere. Bei jeder Vernissage spricht ein angeblicher

Kenner, ein Kunsthistoriker, ein veritabler Professor eine Laudatio, die so hochtrabend daherkommt, so dass keiner Sie versteht: „die Hermeneutik des Dings an sich, die Verschränkung von hedonistischer Anmut und gesellschaftlich subjektiver Verfremdung und ähnliche Worthülsen".

Je lauter die Trommel geschlagen wird, desto mehr steigt der Künstler im Kunstranking (aktueller Anführer dort: Andy Warhol), je mehr Zeitschriften über den Künstler berichten, desto mehr erhebt sich der Ruhm von Neo Rauch, je mehr Galerien ihn ausstellen, desto teurer werden die verwackelten Fotos von Gerhard Richter.

Also, wenn Sie nicht in Dresden oder Düsseldorf studiert haben, wenn Sie keinen Professor kennen, der sie einmalig findet, haben Sie keine Chance, sich unter den Tausenden von Künstlern, die teilweise Hervorragendes schaffen, ein Alleinstellungs-merkmal zu erarbeiten. Sollten Sie Kleckse an die Leinwand und werfen und es Neo-Tachismus nennen, war Jackson Pollock vor Ihnen da, schnitzen Sie die Leinwand mit dem Messer auf, hat das Joseph Beuys schon getan, veranstalten Sie Konzerte, während nackte Frauen die zuvor blau angemalt wurden über eine Leinwand rollen, war Yves Klein ihr Vorgänger. Egal ob Sie Gipsplastiken aus Kinderspielzeug, in Goldfarbe tunken, oder Blut auf dem Boden verspritzen, seien Sie sicher, es war alles schon da.

Wenn Sie keine neuen Ideen haben, könnten Sie noch moderne Kunst fälschen. Und obwohl es so einfach aussieht, einen Miro, einen Kandinsky oder einen

Mondrian zu fälschen, seien Sie sicher, es verlangt Kunstverstand, das heißt Wissen um die Werkgeschichte, um die Konsistenz der Farben, der Leinwand, der Händler, die nur Betrüger wie Konrad Kujau oder Beltracchi haben, um hier zumindest für einige Zeit viele Geld zu verdienen.

Bleiben Sie bei witzigen Ideen ohne kommerzielle Interessen. Dazu ein paar Anregungen: Lassen Sie sich von einem Kfz-Mechaniker irgendwelchen Abfall zusammenschweißen und behaupten Sie anschließend, Sie wollten die moderne Konsumkultur kritisieren. Werfen Sie klebrigen Sand auf Glasscheiben und nennen Sie die Kunstwerke „Vanitas I bis XII,, durchbohren Sie die Werke von Marx Engels auf verschiedene Weise und behaupten damit den Pseudokommunismus zu kritisieren, bohren Sie Löcher in Schränke oder füllen Sie die Schränke mit Sägespäne und nennen Sie das Kunstwerk „Vita Brevis IX, Unikat".

Resümee: Kunst ist ein hartes Geschäft, auch für Fälscher.

31. Betrug an der Öffentlichkeit

Sie schlafen tief und fest. Nichts stört ihren gesunden Schlaf, denn Sie sind mit sich im Reinen. Mehr noch, keine unbezahlten Rechnungen, keine nicht bedienten Kredite. Plötzlich schrecken Sie auf. Was haben Sie vergessen? Ach ja, den Kredit über 1,5 Billionen (als Zahl: 1.500.000.000.000 Euro). Oh Gott. Beruhigen Sie sich, das ist nur ein Alptraum. Niemand kann so viele Schulden haben.

Doch, natürlich: der Staat, das Land, die Kommunen. Alle drei zusammen haben so viel Schulden. Kann man sich so eine Zahl eigentlich vorstellen? Es geht. Würde man dieses Geld an alle Bundesbürger zahlen, bekäme jeder, ob Kleinkind oder Greis, 18.750 €. Das ist als Einzelsumme nicht so viel.

Wie kann es zu einer solchen Schuldensumme kommen? Hierzu ein paar Ideen. Jeder der ca. 82 Millionen Bundesbürger kauft sich einem Gebrauchtwagen für 18.750 €. Damit fährt er, vorsichtig natürlich, an den nächstbesten Alleebaum. Das Auto ist Schrott und wir sind 1,5 Billionen ärmer. Aber das klappt sicher nicht. Es gäbe Staus vor den Bäumen, denn so viele gibt es nun auch wieder nicht. Und was ist mit den Kindern, die noch nicht fahren dürfen? Mit den alten Menschen, die schon den Führerschein abgegeben haben? Mit denjenigen, die ihren Lappen abgeben mussten wegen Fahren unter Alkohol?

Mein Beispiel erinnert an die Idee des Wirtschaftswissenschaftlers John Maynard Keynes. Er schlug vor, im Falle chronischen Auftragsmangels in der Wirtschaft, von Arbeitslosigkeit also, während einer sogenannten Wirtschaftsdepression, staatliche Aufträge zu vergeben. Man könnte zum Beispiel alle paar Meter entlang von Straßen Gräben auszuheben und die Beschäftigten Flaschen darin vergraben zu lassen.

Halt, werden Sie sagen, das macht doch keinen Sinn. Doch! Diese vielen Arbeitslosen haben endlich eine Arbeit. Und das nicht nur für ein paar Tage. Nein, als nächste Arbeit müssen die Flaschen wieder ausgegraben werden!

Der Gedanke von Keynes war: wenn später wieder Geld da ist, wird es ausgegeben und die Wirtschaft kommt wieder in Schwung. Und wenn die Wirtschaft in Schwung ist, kommen wieder mehr Steuern herein, womit die Schulden für diese Arbeitsbeschaffungsmaßnahme zurückgezahlt werden können.

Aber Flaschen zu vergraben ist nicht die einzige Möglichkeit, Geld auszugeben. Hier sind weitere Vorschläge.

Man baut einen Eurofighter. So ein phantastisches Kampfflugzeug kostet ca. 50 Millionen €, pro Flugstunde kostet es danach 70000 €. Aber das reicht nicht, es müssen schon größere Posten sein, um auf 1,5 Billionen zu kommen.

- Ein vorbildliches Beispiel für die Verschwendung öffentlicher Gelder ist der Bahnhof Stuttgart 21. Geplant war, den Stuttgarter Sackbahnhof umzubauen zu einem Durchgangsbahnhof. Dadurch würde die Verbindung von Heidelberg nach Ulm um etwa eine halbe Stunde verkürzt.

Die Kosten die 1995 angegeben waren, beliefen sich auf 2,5 Milliarden Euro. Als Kostenträger trafen sich die Bahn, den Bund, die Stadt Stuttgart und das Land Baden-

Württemberg und niemand übernahm die finanzielle Verantwortung.

Solche Situationen laden geradezu dazu ein, Betrügereien wie Preisabsprachen zu begehen. Handwerker treffen sich gerne im Karnevalsverein oder im Golfclub, um auszuhandeln, wer welches Angebot abgeben würde und wer dann den Zuschlag für ein überteuertes Angebot bekäme.

Bereits im September 2010 gab es eine Warnung von einer Prüfungsgesellschaft aus München: es drohte eine Kostenexplosion, die neue ICE-Trasse werde mindestens 5,3 Milliarden Euro kosten. Für die Neuordnung des Bahnknotens Stuttgart kamen sie auf 6,7 bis 8,7 Milliarden Euro.

Trotzdem wurde weiter gebaut. Fleißig nach dem Motto: „Jetzt haben wir schon so viel Geld ausgegeben, jetzt können wir nicht einfach aufhören!"

Nach diversen Kostendeckeln und Vermittlungsgesprächen zwischen den Bauträgern beträgt der Finanzierungsrahmen vom Bahnprojekt Stuttgart 21 inzwischen offiziell **9,79 Milliarden Euro**. Als Eröffnungstermin wird weiterhin der Dezember 2025 genannt.

Wo viel Geld verplempert werden soll, sind Sie als Betrüger mit dabei. Getürkte oder abgesprochene Rechnungen, „unvorhergesehene Kosten" sind immer möglich.

Hier kommt die Psychologie ins Spiel. Wie gehen wir eigentlich mit Geld um?

Wenn Sie Ihr eigenes Geld ausgeben überlegen Sie sich: Brauche ich etwas wirklich? Kann ich es irgendwo billiger bekommen? Sollte ich es lieber sparen für eine größere Ausgabe oder für den Notfall?

Haben Sie jedoch fremdes Geld zur Verfügung, sind Sie extrem großzügig.

Die Paläste und Parks von Diktatoren und Machthabern sind Zeugen solcher Großkotzigkeit und Angabe.

Müssen Sie fremdes Geld für Fremde ausgeben, sind Sie vorsichtiger.

In einer Demokratie gibt es das Recht des Parlaments, den Haushalt zu bestimmen. Das ist allerdings nur ein grober Rahmen, innerhalb dessen doch noch viel Freiheit besteht. Das Geld fließt in große und kleine Töpfe bei Bund und Ländern. Für Soziales, Renten, Bürgergeld, Polizei, Verkehr, Landesverteidigung, Bildung, Gehälter. So weit, so gut.

Doch einige Ausgaben sollte man hinterfragen.

Die Rettung notleidender Banken, wie die HypoVereinsbank. (Überhaupt: Bankenkrise) Hätten diese Banken nicht auch besser geführt werden können? Braucht jedes Dorf seine Mehrzweckhalle, jede Gemeinde zwei Schwimmbäder, jedes Straßendorf seine vier Ampeln, braucht jeder Ort noch eine Tiefgarage?

In Frankreich gibt es mitten in unbewohntem Gebiet etliche phantastisch ausgestattete Parkplätze. Brücken und Überführungen werden manchmal als Reserve gebaut, auch dann, wenn es die Straßen dazu noch nicht gibt.

Sie sehen schon, für Betrüger gibt es ein weites Feld. Wenn also die Öffentliche Hand etwas für die Allgemeinheit investieren möchte, drängen Sie sich nach vorne und halten Sie ihre Hand auf beziehungsweise unterbreiten Sie Ihr Angebot.

Wo wird sehr viel Geld verdient? Wir blicken dazu nach den USA, auch eine Demokratie.

George Bush ließ sich sein Wahlkampf von Großfirmen sponsern. Das machen alle amerikanischen Präsidenten. Dafür half er der Erdöl-, Rüstungsgüter- und Zigaretten Industrie durch entsprechende Gesetze. Über Sponsoring bekommt man in den USA sogar einen Botschafterposten. Unglaublich. Leider verbietet die amerikanische Verfassung eine dritte Amtszeit eines Präsidenten. Sonst hätte er noch viel mehr Geld schöpfen können.

Kriege sind finanziell der Renner. Um die Bürger davon zu überzeugen, dass diese notwendig sind, kann man auch Falsch-meldungen verbreiten lassen wie über Kuwait, Irak, Afghanistan.

Wussten Sie, dass Saddam Hussein seine Regimegegner in Säurebädern verschwinden ließ? Dass seine Armee in Kuwait in ein Kinderkrankenhaus eindrang und dort hilflose Kleinkinder ermordete? Sie müssen das auch nicht wissen, denn das wurde von einer PR-Agentur im Auftrag der amerikanischen Regierung erfunden. Den

Auftrag erledigt das CIA bzw. von diesem bezahlte Presse-agenturen.

Auch in Deutschland kann man als Betrüger und Hochstapler in der Politik etwas werden. Wenn man die Unterstützung seiner Partei hat, gibt es keine weiteren Voraussetzungen beruflicher oder intellektueller Art. Es kommt darauf an, dass man ein offenes Ohr für Lobbyisten der großen Konzerne hat und dass man denkt: Es ist nicht mein Geld, es sind nicht meine Schulden.
Es gibt da noch eine andere Möglichkeit: man könnte auch achtsam mit den anvertrauten öffentlichen Geldern umgehen. Doch daran denken Sie als Betrüger und Hochstapler natürlich nicht.

32. Wie man Lobbyisten einsparen kann

Mancher Bürger, der sich ein wenig in Regierungsgeschäften auskennt, fragt sich, ob Lobbyisten, also Vertreter von Firmen, die versuchen, neue Gesetze im Sinne von Firmeninteressen zu beeinflussen, nicht letztlich schädlich und teuer für die Bürger kommen.
Zum Thema Lobbyismus und Verteidigungs-ausgaben hat die Greenpeace – Organisation eine Studie („Arsenale, Aufträge, Amigos (K)eine Wende in der

Rüstungsbeschaffung der Bundeswehr?") in Auftrag gegeben. Ihr Ergebnis:

„Nachdem die Bundesregierung von Olaf Scholz im vergangenen Jahr (2023 d. Autor) die 100-Milliarden-Sonderschulden zur Aufrüstung der Bundeswehr auf den Weg gebracht hatte, hat Greenpeace Prof. Michael Brzoska beauftragt, das Beschaffungswesen der Bundeswehr einer kritischen Analyse zu unterziehen. Erschreckender Befund war, dass bei der Beschaffung von Großwaffensystemen seitens der Bundeswehr in den letzten Jahren unnötige Zusatzkosten zwischen 35 und 45 Prozent anfielen. Überträgt man diesen Verschwendungsfaktor auf das 100-Milliarden-Sonderprogramm, ergäbe sich ein Verlust von 26 bis 35 Milliarden Euro." (Quelle: Greenpeace).

Nun vermutet der kundige Leser, dass es sich dabei um Lobbyisten handelt, die die Kosten treiben. Das ist aber nicht der Fall. In der Studie stehen folgende Sätze:

„Ein besonderes Augenmerk liegt dabei auf der Rolle des deutschen Bundestages, v.a. auf den Haushalts- und Verteidigungspolitiker: innen dort, die einen erheblichen Einfluss auf den Beschaffungsprozess haben und die bei der Kritik am „Gesamtsystem Beschaffung" bislang zu wenig Beachtung gefunden haben." (ebda.)

„Die Zeichen mehren sich, dass das Ziel der optimalen, kosteneffizienten Ausrüstung der Bundewehr von wirtschaftlichen und politischen Sekundärinteressen überlagert wird. Damit würde ein Teil des

„Sondervermögen Bundeswehr" sachfremd vergeudet werden"(ebda.)

Einfach ausgedrückt, sitzen im Verteidigungs-ausschuss Abgeordnete, die die Interessen ihres Wahlkreises dadurch wahrnehmen, dass sie dort ansässigen Firmen einen Auftrag zuschanzen. Obwohl der eventuell teurer ist als ein Konkurrenzangebot. Aber ich sehe das nicht kritisch wie Prof. Michael Brzoska. Er schlägt vor, den Ausschuss nicht mit „vorbelasteten" Abgeordneten zu besetzen.

Ich sehe die bisherige Praxis in vieler Hinsicht als positiv. Erstens bleibt das Geld in Deutschland, zweitens sparen die Firmen die Kosten für Lobbyisten ein. Warum sollte man diese Idee nicht generell für alle Ausschüsse einführen? Also im Gesundheitsausschuss Ärzte, Pharmavertreter, Mitarbeiter von Chemischen Industrie, im Verkehrsausschuss Vertreter der Automobil-industrie und des Straßenbaus, im Ausschuss für Wohnen und Stadtentwicklung die großen privaten Bauträger usw. Mir scheint dies eine allgemeine Win-Win-Situation.

33. Corona als Chance nutzen

Wer die soziologische Studie von Pierre Bourdieu (Bourdieu, 2010) gelesen hat, der weiß, wie arme Menschen aus der Schicht des Prekariats, wie sie in Deutschland verharmlosend bezeichnet wird, leben. Am Rande des Absturzes, ohne finanzielle Reserven, ohne Chance auf einen gesellschaftlichen Aufstieg.

Dass einem Harz IV-Empfänger dann doch noch eine Lösung einfällt, wie er dem Elend entkommen kann, ist geradezu bewundernswert, aber verboten. Wie die BNN am 21.2.23 berichtete, wurde der Mann erwischt und zu drei Jahren und 6 Monaten Haft verurteilt. Das dürfte für einen Hartz IV Empfänger fast wie das normale Leben sein. Das Geld, das er sich erschwindelt hatte, 650000 €, blieb allerdings verschwunden. Wo mag es wohl sein?

Der Mann hatte gehört, dass Vater Staat dringend Corona-Teststellen brauche. In den kleinen Gemeinden Dettenheim und Walzbachtal eröffnete er in Privathäusern je eine Teststelle. Vermutlich kaufte er auch ein paar Testsets und zwei weiße Kittel sowie die obligatorischen Masken. Danach rechnete er 24.7700 und 28.400 Tests ab. Weder der Kassenärztlichen Vereinigung noch dem Gesundheitsamt fiel auf, dass Dettenheim nur 6700 und Walzbachtal 9800 Einwohner hat. Aber vielleicht wurden ja auch alle Einwohner, vom Baby bis zum Greis, jeweils dreimal getestet. Bei der Kontrolle verließen sich beide Institutionen aufeinander.

Außerdem kam die Vorgabe aus Berlin, möglichst schnell viele Teststellen zu genehmigen.

Gehen wir einmal davon aus, dass sich der namenlose Betrüger die Gunst der verwirrten Stunde zu Nutze gemacht hat, um einmal in seinem Leben ordentlich zu verdienen. Und das zum Schaden der Allgemeinheit, nicht einer einzelnen Person.

34. Der Krieg als Vater aller Dinge

Krieg war früher eine feine Sache. Natürlich nicht für alle. Nicht für die Soldaten, die man als Belohnung mit billigem Blechzeug behängt, denen am Ende des Krieges ein Arm, ein Bein, ein halbes Gesicht, die Freundin, die Ehefrau, der Beruf oder schlicht das Leben abhandengekommen ist. Die jeweilige wichtige Nachkriegsliteratur (Remarque, Polgar, Fallada, Borchert, Böll) haben immer heftig gegen die Sinnlosigkeit gewettert. Inzwischen ist die Lust am Krieg, vor allem hier in Deutschland, ziemlich gering. Nicht einmal im exotischen Afghanistan möchten die meisten deutschen Soldaten bleiben. Ganz anders ist dies in Ländern, in denen eine vorgeschobene religiöse oder ethische Begründung auch heute noch ausreicht, um tausend Soldaten in Bewegung zu setzen. In den USA (Blutzoll seit dem Ende des Zweiten Weltkriegs: 40 Millionen Tote, natürlich vor allem Nicht-Amerikaner) rollt der Rubel noch. Der Irakkrieg kostete bis zum Abzug der Amerikaner 1000.000.000.000 Dollar.

Vorbei sind die Zeiten, in denen ein einzelner Mann, damals Basil Zaharoff, der Kaufmann des Todes, sowohl die Türkei und Griechenland mit Waffen beliefern konnte und so den Ersten Weltkrieg sinnlos in die Länge zog. Auch damals waren es mächtige Firmen, wichtige Vertreter des Landes, wie zum Beispiel Krupp, die beide Seiten mit Waffen belieferten. (Heuser et al.Hrsg.2004)

Heute kosten Waffen viel mehr, verlangen so viel Entwicklungskosten, dass daraus ein riesiges Geschäft geworden ist. Die USA beliefern die Welt, Großbritannien und Deutschland ebenfalls, die Sowjetunion, die Inder, die Pakistanis. Saddam Hussein bekam, bevor er zum Tyrannen Diktator stilisiert wurde, von allen Waffen. Weltweit steigen die Rüstungsausgaben, im Jahr 2010 waren es 860 Milliarden €.

Um Kriege zu inszenieren, müssen alle mitspielen - die Politiker, die Geheimdienste und die Medien. Das Volk muss vorher schon einen Anlass haben, irgendjemanden als Feind zu betrachten. Ein besonderer Vorteil für die Kriegsführung ist das Vorhandensein von vielen Analphabeten oder gering gebildeter Menschen. Prima sind auch viele Arbeitslose. Hitler fand sie in der Weimarer Republik in trostlosen Hinterhöfen, Busch fand sie in den Ghettos der Großstädte, die Taliban finden sie in jedem Erdloch Afghanistans und Pakistans.

In den USA sind Feuerwaffen sozusagen ein Nationalsymbol für Freiheit. Jeder Präsident, der sich nach einem Überfall auf einen Supermarkt und eine Universität einmal wieder genötigt fühlt, sich für ein

Waffenverbot auszusprechen, wird gnadenlos von den Rifle+Gun Association, einer Art nationaler Schützenverein, niedergemacht und mit dem Entzug der Wählerstimmen bedroht. Man spürt, hier ist der Hort der Ordnung und der perfekte Nährboden für Waffengeschäfte. Waffengeschäfte laufen in den USA natürlich anders ab als in einer Bahnhofskneipe, wo Pistolen unter dem Tisch den Besitzer wechseln. Hier muss alles im großen Maßstab laufen.

Und wenn es trotzdem nicht möglich ist, die Menschen für einen Krieg zu begeistern, müssen die Medien kräftig trommeln. Zwei Beispiele:

Unter der Überschrift „Pseudofriedenspolitik" befasst sich der Journalist in seinem Spiegel-Bestseller-Autor Wieczorek (Wieczorek, 2009) mit der Manipulation der öffentlichen Meinung beim Einsatz in Jugoslawien-Krieg oder der Legitimation für den Kampfeinsatz der Amerikaner im Irak.

„Die Geschichte deutscher Militäreinsätze nach dem Zweiten Weltkrieg ist eine Geschichte der Täuschung der Bevölkerung. Um sich die Zustimmung der Menschen zum völkerrechtswidrigen Überfall auf Jugoslawien im Jahr 1999, dem Kosovokrieg, zu ergaunern, schockierte die rotgrüne Bundesregierung die gutgläubigen Menschen mit einem wahren Horrorszenario über ein blutiges Massaker serbischer Bestien. Jemand, der es wissen muss, der damalige leitende deutsche General bei der OSZE, Heinz Loquai, erinnerte sich später:

»Die Legitimationsgrundlage für die deutsche Beteiligung war die sogenannte humanitäre Katastrophe. Eine solche humanitäre Katastrophe als völkerrechtliche Kategorie, die einen Kriegseintritt rechtfertigte, lag vor Kriegsbeginn im Kosovo nicht vor. Im Klartext: Der »Hufeisenplan« der Regierung Milosevic zum Völkermord an den Albanern war ebenso frei erfunden wie das „KZ von Pristina". Bezeichnenderweise wurden unter Strucks Verantwortung im Jahr 2004 »in großem Umfang« brisante Daten etwa zu Auslandseinsätzen aus der Zeit der SPD-Regierung (1999-2003) »versehentlich« gelöscht.

Dass es in Afghanistan um die Herstellung von Demokratie und besserer sozialer Verhältnisse geht, glauben immer weniger Deutsche. Gut zwei Drittel waren bereits im August 2007 laut ARD-Deutschland-Trend für einen Abzug der Bundeswehr. Bei der Invasion in Afghanistan im Jahr 2001 fragten sich viele Menschen, was Deutschland mit dem Rachefeldzug der USA wegen des 11. September zu schaffen habe. Der damalige Verteidigungsminister Peter Struck sagte im Dezember 2002, auch die Freiheit Deutschlands werde am Hindukusch verteidigt. Das erinnert fatal an die Breschnew-Doktrin von der begrenzten Souveränität der sozialistischen Staaten, mit der die Sowjetunion im Jahre 1968 ihren Einmarsch in die Tschechoslowakei begründet hatte.

Sogar die Vorbereitung zum Irakkrieg von 2003, mit dessen wortradikaler Ablehnung Gerhard Schröder die Bundestagswahl 2002 gewonnen hatte, lief nicht ohne deutschen Täuschungsbeitrag ab. »Der deutsche Geheimdienst hat mit der Rechtfertigung dieses Krieges mehr zu tun, als ihm heute lieb ist." Laut Spiegel machte 1999 ein im Irak wegen Untreue verurteilter Flüchtling namens Rafed dem Bundesnachrichtendienst weis, Saddam Hussein habe mobile Biowaffenlabore. Die BND-Leute hatten zwar ihre Zweifel an Rafeds Märchen, erlaubten den USA aber deren Verwendung, und am 5. Februar 2003 trug sie US-Außenminister Colin Powell vor der UNO als Beweis für die Notwendigkeit der Irak-Intervention vor. Heute nennt man Rafed, Codename Curveball, in den USA den Betrüger, der den Krieg auslöste. Schlagzeile der Münchener Abendzeitung am 24. März 2008: BND-Panne- Der Irakkrieg begann in Franken«.

Die medialen Strategien zum Anfachen eines kriegerischen Konflikts lassen sich systematisieren. Gefälschte Fotos, bezahlte Falschaussagen, ständige Wiederholung von Lügen oder auch die Simulation eines Angriffs durch den neuen Gegner wie verkleidete Nazis, abgefangene Al-Quaida Flugzeuge, angebliche Bombenanschläge Nordvietnams. Verbot einer unabhängigen Berichterstattung: Whistleblower im Irakkrieg, wurden unendlich hart bestraft für das Aufdecken von Menschenrechtsverletzungen, in Russland unter Putin und seinen Vorgängern kommen Systemgegner in Haft nach Sibirien, um sie zu brechen

Betonung der eigenen moralischen Überlegenheit zum Beispiel die Ideologie der Nazis von Herrenmenschen,

Beschimpfung der Ukrainer als Nazis durch Russland, eine Philosophie des wahren Glaubens durch Al-Quaida, Freiheitskampf durch Bolschewiken oder Mao.

Frühe Indoktrination der Jugend-sieht man bei der Hitlerjugend, in der DDR in FDJ-Lager, in China gibt es Revolutionäre Garden im Iran eine Religionspolizei. Der Jugend sollen Ideale wie heldenhafter Tod, Religion oder Kampf für die Freiheit beigebracht werden.

Wenn diese Voraussetzungen geschaffen sind, können wir als Volk-Betrüger kräftig absahnen. Verdienen kann man durch die Beschaffung von Kleidung, Munition, und Waffen. Außerdem schafft der Krieg auch Arbeitsplätze in der medizinischen Versorgung der Kriegsversehrten, in der Landwirtschaft bei den Rüstungsbetrieben und natürlich bei den Beerdigungsinstituten.

Schade, wir als Betrüger und Hochstapler werden natürlich nur im kleinen Maßstab mitverdienen können, indem wir frühzeitig Aktien von Rüstungskonzern, Flugzeugfirmen um medizinischen Lieferanten kaufen.

Im Moment ist wieder viel Geld zu verdienen mit dem Ukraine-Krieg. Auch dieser Krieg wurde auf beiden Seiten, also von den USA und Russland, medial perfekt vorbereitet. Ob die USA Russland so lange mit einer Nato-Ost-Erweiterung, Militärübungen nahe der Landesgrenze und heimlichem Sturz der russlandfreundlichen Regierung der Ukraine provoziert haben, (vergl. Guérot/Ritz) oder ob das einfach nur die reflexhafte, uralte Containment-Politik der USA war, oder ob Putin zu offensichtlich den Wunsch nach Wiederherstellung der alten UdSSR ausgesprochen hat, wird sich wohl nie klären lassen.

Fakt ist aber, dass sich die Gewinne und Aktienkurse von Energieversorgern, Ölkonzernen und Rüstungsschmieden hervorragend entwickelt haben.

35. Spekulative Geschäfte

Wenn Sie Kunden/Opfern spekulative Geschäfte im Internet anbieten, kann niemand Ihnen nachweisen, dass Sie diese vorsätzlich betrogen hätten, es sei denn, es handelt sich um echte Luftnummern, also Geschäfte, denen keinerlei reale Gegenstände zu Grunde lägen.

Aktien, Anlagepapiere von Firmen sind letztlich immer spekulative Geschäfte. Im 19. Jahrhundert wurden viele Firmen gegründet, die in irgendeinem Land einen Kanal bauen wollten oder eine Goldader erschließen wollten. Im Schlepptau dieser Geschäfte gab es Firmen, die Zeitschriften mit Börsentipps herausgaben.

Viele Leser stützten sich auf deren Angaben, die nicht unbedingt falsch waren. Sie nützten nur den Glauben der Leser aus. Wenn eine Aktie A als gewinnträchtig eingestuft wurde, stieg die Nachfrage und der Kurs stieg damit tatsächlich an, zumindest kurzfristig. Dass die Herausgeber der Zeitschriften sich genau diese Aktien, noch zum günstigen Kurs, schon vorher gekauft hatten, wussten die Leser nicht.

Auch heute verlassen sich viele Kunden auf Börsentipps. Aber Aktien und Firmenanleihen sind nun einmal spekulativ. Es gibt Firmen, die die Kunden beraten, aber natürlich deren Risiko nicht teilen wollen, jedoch eine Vermittlungsgebühr verlangen. Es gibt Programme, die die Preisentwicklung, Charts, von Firmen analysieren. Aber sie analysieren nur den Kurs. Die realen Geschäftsgrundlagen untersuchen nur wenige Firmen.

Dazu bedarf es eines Stabes an hoch qualifizierten Analysten.

Um die Risiken einschätzen zu können, hier ein Beispiel: Eine Firma hat eine phantastische Maschine entwickelt, die aus Plastikabfällen durch Verschmoren ein Öl entwickelt, das sich Benzin zusetzen lässt. Die Firma hat als mögliche Kunden Kommunen, die gerne ihren Plastikmüll loswerden möchte ohne Umweltschäden, Plastikfirmen, die sich vielleicht auf diesem Weg freikaufen können von einer Rücknahmepflicht, Umweltverbände, die dieses biologische Aufarbeiten zu schätzen wissen und Erdölfirmen und Chemiefirmen, die das recycelte Öl als günstigen Füllstoff verwenden können.

Aber was passiert, wenn die Firmenidee von Chinesen abgekupfert wird? Was passiert, wenn die Produktion von Plastikverpackungen durch Druck der Umweltverbände sich deutlich verringert? Wie lange kann diese Maschine funktionieren? Gibt es genügend Fachleute für deren Wartung?

Ein bekannteres Beispiel für eine spekulative Firmengründung, die in einer Pleite endete, ist die mehr oder minder bekannte Firma „Wirecard". Hier kurz der Ablauf lt. Focus:

Die Geschäftsidee von Wirecard war, dass sie gegen eine geringe Provision bei Käufen mittels einer Kreditkarte im Internet dem Käufer sofort das Geld auszahlten und es anschließend von der Kreditkartenfirma zurückbekamen. Die Idee, die selbst mir als dubios erschienen wäre, entwickelte sich so gut, dass Wirecard sogar in den DAX aufgenommen wurde.

Recherchen der Financial Times ergaben im Frühjahr 2019, dass Scheinhandel mit Tochterfirmen in Asien den Umsatz künstlich nach oben getrieben hatte. Es wurden dabei Transaktionen mit Firmen in die Bücher aufgenommen, die es schon lange nicht mehr existierten. Die Vorwürfe konnte Wirecard eine Zeit lang von sich weisen, doch dann brach der Aktienkurs erstmals ein.
Den weiteren Verlauf der Aufdeckung des Betruges beschreibt FOCUS:

*„Aufgrund der Größe des Unternehmens begannen mächtige Hedgefonds auf fallende Kurse der Aktie zu spekulieren. Daraufhin fiel der Aktienwert innerhalb der nächsten Tage auf die Hälfte ab. Als Reaktion sperrte die BaFin, die Bundesanstalt für Finanzdienst Leistungsaufsicht, die Spekulation auf fallende Kurse für zwei Monate, was eine Premiere in ihrer Geschichte ist. Es schien demnach so, als wolle die BaFin Wirecard schützen. Nach weiteren Recherchen und Vorwürfen der Financial Times kamen immer mehr Hinweise für Fälschungen von Umsätzen mit Hilfe einer Partnerfirma namens Al Alam Solution in Dubai zum Vorschein. Nachdem der Jahresabschluss für 2019 mehrfach verschoben wurde, war er für den 18. Juni 2020 angesetzt.
An diesem Tag wurde der Jahresabschluss erneut verschoben, da in der Bilanz 1,9 Milliarden Euro fehlten. Laut Wirecard befand sich dieses Geld auf Konten von*

zwei Banken auf den Philippinen. Diese bestritten allerdings jegliche Geschäftsbeziehung zu Wirecard. Es kam heraus, dass die Finanzunterlagen dieser Konten durch Wirecard gefälscht wurden, woraufhin die Aktie endgültig abstürzte. Eine Woche später meldete die Firma Wirecard Insolvenz an."

Quelle: Focus
Online(https://praxistipps.focus.de/wirecard-skandal-einfach-erklaert-so-lief-der-betrug-ab_147154)

36. Potemkin'sche Dörfer

Der Begriff stammt aus Russland. Genauer aus der Zeit der Zaren. Fürst Grigori Alexandro-witsch Potemkin (auch: Potjomkin) war unter Katharina der Großen verantwortlich für die Bevölkerung des Schwarzmeergebietes, deren Bauern und Bürger. Bei einer Reise durch die Krim nahm die Zarin Potemkins Arbeit in Augenschein. In St. Petersburg wurden derweil – vermutlich von Personen, die verärgert waren, an der Reise nicht teilnehmen zu dürfen – Gerüchte verbreitet, nach denen Potemkin lediglich Dörfer aus bemalten Häuserfassaden aufgestellt habe, um die Zarin mit seinen Erfolgen zu beeindrucken. Durch die Werke des sächsischen Gesandten in St. Petersburg, die als seriös angesehen wurden, hielt man die bloßen Verleumdungen lange Zeit für die Wahrheit.

[1] https://de.wiktionary.org/wiki/Potemkinsches_Dorf

Obwohl der Begriff auf einer Lüge beruhte, wurde er zum stehenden, oft gebrauchten Begriff. Eines der bekanntesten Beispiele für ein echtes Potemkin'sches Dorf ist der Trick, den Generalfeldmarschall Rommel bei seinem Feldzug in Afrika verwendete.

Mehr scheinen als sein; das kann ziemlich riskant sein. Es kann auch die einzige Chance, sein, die man überhaupt hat. Mitte Februar 1941 waren die deutschen Verbände in Libyen von bedrückender Schwäche. Nur ein paar Dutzend Panzer waren eingetroffen, darunter wenige des modernen Typs III, obwohl Hitler befohlen hatte, gerade diese in die Wüste zu schicken.

Der schwäbische Panzergeneral Erwin Rommel als Kommandeur der Truppe, musste verhindern, dass seinen britischen Gegnern bekannt wurde, wie hilflos seine Einheiten waren. Also griff er auf einen Trick zurück, den er bereits als Befehlshaber der 7. Panzerdivision während des Feldzuges in Nordfrankreich angewandt hatte. Mit großem Brimborium inszenierte Rommel eine Parade durch die Straßen von Tripolis, mit der er sich offiziell seinem italienischen Vorgesetzten General-gouverneur Italo Gariboldi vorstellte.

Dabei fuhr jeder seiner Panzer drei- bis viermal nacheinander an der Ehrentribüne vorbei. Manche Zeitzeugen erinnerten sich, man habe sogar das Äußere der Kettenfahrzeuge jeweils leicht verändert, damit die Täuschung nicht auffliege. Ob das stimmt, ist unklar. Jedenfalls meldeten Sympathisanten der britischen Armee, die insgeheim aus der italienischen Kolonialhauptstadt berichteten, nicht, wie sie verladen worden waren. Selbst ein uneingeweihter deutscher Offizier verstand den Trick erst, nachdem er zum dritten Mal einen Panzer Typ III mit einem sehr seltenen Kettendefekt an sich vorbeirattern sah.

Quelle: Die Welt:
https://www.welt.de/geschichte/zweiter-weltkrieg/article152363294/Mit-einem-Trick-vervielfachte-Rommel-seine-Panzer.html

Rommels Trick wurde auch von den Alliierten benutzt, um Hitlers Truppen abzulenken. Panzer aus Gummi standen in England am Ufer, um einen Angriff vorzutäuschen, der entscheidende Angriff der Alliierten fand jedoch an einem anderen Ort als D-Day statt.

37. Die Elite der Hochstapler

Wer einen Mord begeht, mit Vorsatz und aus niedrigen Beweggründen, der landet für fünfundzwanzig Jahre im Gefängnis. Wer Millionen veruntreut, als Hochstapler betrügt, wer Bilanzen fälscht, Handwerker in den Ruin treibt, Tausenden von Mitarbeitern den Arbeitsplatz stiehlt, und das alles aus niedrigen Beweggründen, landet vielleicht für ein paar Jahre im Knast. Findet sich dann ein gut bezahlter Gutachter, der einem geistige Umnachtung oder Verlust der Erinnerung bescheinigt bleibt einem selbst dies erspart.

Wir sehen, der Beruf eines Betrügers und Hochstaplers wird, je höher er sozial steht, umso ungefährlicher ist. Wie steht es um die sonstigen Voraussetzungen, um zu Elite dieser Berufssparten zu gehören? Abitur oder Studium sind nicht unbedingt notwendig.

Seiteneinsteiger gibt es auch, zum Beispiel der Gebrauchtwagenhändler Manfred Schmieder, Betriebswirt Jürgen Schneider oder Taxifahrer. Gerd Postel war Briefträger, bevor er Oberarzt und Professor wurde. Der Börsenmakler Jordan Belfort betrog die Menschen, die seiner Firma ihre Ersparnisse anvertraut hatten, um 200 Millionen US-Dollar. Ein Sträfling von Köpenick wurde durch eine Uniform zum Hauptmann.

Wer mitmischen möchte, muss den unbedingten Willen mitbringen, nicht immer nur für ein paar Kröten zu arbeiten wie normale Menschen. Das große Geld wird anders gemacht. Es empfehlen sich folgende Ausrichtungen: Immobilien, Grundstücke, Gemälde, angesehene Berufe wie Arzt, Rechtsanwalt, Pfarrer, Militär, Politik, Banken vor allem im spekulativen Bereich. Dazu mehrere Beispiele:

Die Geschäftsidee von Jürgen Schneider war einfach. Um einen Neubau zu finanzieren über einen Kredit manipulierte er die Nutzfläche von 9000 m² auf 22.000. Mit den gewährten Krediten konnte er sich nach und nach ein Imperium aufbauen. Von dem geliehenen Geld kann man als Hochstapler auf großem Fuß leben. Unterm Strich finanzieren so die Banken eine Luxusimmobilie und den Jaguar. Wichtig ist, sich immer bei Handshakes mit Politikern oder mit anderen Promis auf der Mittelmeerjacht zu zeigen. Man ist beliebt bei Bunnies und Lokalpolitikern wegen der Gewerbesteuern, bei Banken wegen der Zinsen, bei Baufirmen wegen der Aufträge und bei Politikern, die immer gerne erfolgreiche Unternehmen vorweisen wollen.

Eigentlich könnten alle zufrieden sein, wäre da nicht das unvermeidliche Platzen der Blase.

Das passierte auch im Fall der Ettlinger Firma Flowtex von Manfred Schmieder. Ursprünglich hatte er einen hervorragenden Ingenieur, der ihm eine Maschine konstruierte, mit der Rohre unter Straße verlegt werden konnten, ohne die Straße aufzureisen. Eine großartige und erfolg-versprechende Idee. Allerdings verleaste er diese Tiefbohrgeräte an Baufirmen und ließ sich auf diese Leasingverträge von Banken Kredite für den Bau weiterer Geräte gewähren.

Die Banken rissen sich um die Kredite. Doch die Maschinen existierten nur in der Phantasie der Banken. Schmieder selbst hatte nur einige wenige dieser hervorragenden Geräte. Mangels Produktion ließ er immer wieder neue Typenschilder auf dieselben Modelle montieren, wenn ein Vertreter der Politik, des

Finanzamtes oder der Banken zu Besuch kam. Das erstaunliche an diesem Betrug mit den vorhandenen Maschinen war die Langlebigkeit der Täuschung.

Merke: wenn du gut im Geschäft bist oder zu sein scheinst, dauert es sehr lange, bis Politiker den Steuerprüfern freie Hand geben, deinen Betrieb zu überprüfen. Erst dann platzt die Blase.

Bei Blase fallen uns die HypoVereinsbank und die Investmentbanker in der Weltwirtschaftskrise 2009 ein. Wieder das gleiche Prinzip: Anstelle der Werte vermeintlich wertsicherer Immobilien, wurde ein Paket geschnürt aus Immobilien und daran gekoppelten Ausfallversicherungen. Sobald der Wert der Immobilien sank, brach das Kartenhaus zusammen. Das Schöne an der Sache ist, dass die Dimension des Schadens bei den Banken so groß ist, dass der Staat sie nicht kollabieren lassen kann, too big to fail. Während also die Manager sich an Bonuszahlungen bereichern konnten, sprang der Staat als Bürge ein. Oder anders betrachtet die Schäden in Billionengröße bezahlten die Bürger mit verminderten staatlichen Leistungen, mit dem Verlust von Ersparnissen für das Alter.

Ein beliebter Trick um die Gewinne von Großfirmen zu verschleiern ist die Auslagerung der Gewinne in Holdings (Teil 1, Kap.15), das Einsetzen von Strohmännern und Beratungsfirmen, die die persönliche Verant-wortung der Firmen entfernen. Je komplizierter das Geflecht von Holdings ist, desto weniger Gefahr droht. Das Dumme ist nur, dass Otto Normalverbraucher immer seine Steuern bezahlt. Für die spekulativen Verluste von Banken springt der Staat ein. Um solche rechtlichen Lücken ausnützen zu können, muss man sich gut im internationalen Recht auskennen.

Unternehmensvorstände sind deshalb meistens keine Leute vom Fach, sondern Juristen. Löschner, ehemaliger Vorstand im Elektrokonzern Siemens ist Betriebswirt. Zetsche ist kein Maschinenbauer aber immerhin Elektroingenieur. Der Pharmariese Bayer wird von einem Betriebswirt geleitet, die Allianz Versicherung von einem Juristen und Philosophen. Was würden Sie als angehender Betrüger einem Großkonzern raten - brav die Steuern in Europa zu zahlen oder diese über Holdings in Steueroasen zu transferieren?

38. Schneeballsysteme

Das Prinzip der Schneeballsysteme ist schon recht alt. Das Prinzip wurde erstmals von Charles Ponzi, Jahrgang 1882, verfeinert. Er kaufte wertlose Grundstücke und internationale Anlagescheine und beteiligte arglose kleine Anleger an den Geschäften. So versprach er fünfzig Prozent Rendite innerhalb von fünfundvierzig Tagen. Aus dem Verkauf immer neuer Anteile konnte er die Anleger ausbezahlen, die ihren hohen Gewinn sehen wollten. Während Menschen ihr Hab und Gut verpfändeten, lebte

Ponzi in Saus und Braus. Sein Vermögen stieg von tausend auf eine Million Dollar.

Als er verhaftet wurde, hatte er fünfzehn Millionen eingenommen, von denen aber nur eineinhalb Millionen gefunden wurden. Er wurde zu zwölf Jahren Gefängnis verurteilt. Im Prinzip verspricht man vielen armen, arglosen Menschen hohe Gewinne. Sie erzählen das weiter und so werden immer mehr Menschen gefangen, die ihr Vermögen verlieren. Das **„Ponzi-Prinzip"** funktioniert auch heute noch.

Sie gründen eine Maklerfirma, nennen wir sie Allgemeine Maklergesellschaft AMG. Diese lebt von den hohen Abschlussprämien von Versicherungen und Bausparverträgen. Damit kann man eigentlich schon gut leben. Nun wird das alte Prinzip angewandt: man zahlt den Vertretern der Firma, die für die Abschlüsse zuständig sind, einen angemessenen Anteil der Prämien, jedoch nur einen Teil. Der Rest wandert nach oben zum nächsten Knotenpunkt. Zum Leiter, zu einem Vertriebsleiter, dann zum Obervertriebsleiter und schließlich bei ihnen selbst, als dem Gründer der AMG. Da jeder in der Pyramide finanziell davon profitiert, möglichst viele Mitarbeiter unter sich zu haben, verbreitert sich die Basis immer mehr. Die dort Tätigen versuchen zuerst einmal in ihrem eigenen Bekanntenkreis Kunden zu gewinnen. Es ist wie beim Kettenbrief, irgendwann sind im Bekanntenkreis alle möglichen Abschlüsse getätigt und es ist nichts mehr zu holen. Der Basisarbeiter steigt resigniert aus, hält sich womöglich für inkompetent. In den obersten Etagen rollt der Rubel jedoch immer, denn neue optimistische Werber werden immer wieder rekrutiert werden.

Es kommt darauf an, diesem Betrug einen seriösen Anstrich zu geben. Also mieten Sie beeindruckende Bürogebäude, verpflichten Sie Mitarbeiter zu adretten Anzügen, händigen Sie hübsches Instruktionsmaterial aus auf den regelmäßig stattfindenden Einführungs- veranstaltungen und nennen Sie diese Incentives. Lassen Sie ein Obervertriebsleiter ein Referat halten, in dem er seine finanziellen Erfolge berichten darf.

Inzwischen nennt man das nicht mehr Schneeballsystem, sondern Strukturvertrieb oder Network-Marketing. Vielleicht können Sie bald eine hübsche Schauspielerin heiraten und zum Duzfreund eines Bundesministers werden. Sie sollten jedoch vermeiden, zu viel von ihrem verdienten Geld protzig zum Fenster hinaus zu werfen, sonst gehen Sie vielleicht bankrott wie Mehmet Göker mit seiner Firma MEG.

Das Thema Schneeballsysteme wurde bisher noch nicht komplett ausgenutzt. Sehr erfolgreich war in den letzten Jahren Ruja Ignatova, die selbsternannte Krypto-Queen. Bevor sie aktiv wurde, studierte sie Wirtschaftswissenschaften und Jura in Großbritannien. Danach gründete sie die Firma OneCoin. Der Handel mit Krypto-Währungen war damals noch wenig reguliert. Jeder konnte, sofern er glaubhaft auftrat, Menschen dazu überreden, bares, also richtiges Geld, in eine neue Krypto- Währung zu investieren. Vorausgesetzt, er konnte ungewöhnlich hohe Renditen glaubhaft machen. Bei Ruja Ignatova wurden, wie in Schneeballsystemen üblich, schnelle Kurs-gewinne im Internet dargestellt. In dem damaligen Hype um Kryptowährung fiel das nicht auf. Überall wurden Menschen reich, zumindest, wenn sie rechtzeitig ausstiegen. Bei OneCoin floss das Geld der investierenden Menschen, die teilweise ihre ganzen Ersparnisse einzahlten, reichlich. Allerdings existierten die Kursgewinne nur auf dem Papier. Am Ende, als die Polizei sie suchte, verschwand die Krypto-Queen und hinterließ Milliardenschulden bei den Gläubigern. Das komplette Auftreten der Firma war perfekt: Große Shows in den teuersten Hallen, Prominenz, ihr überzeugendes Auftreten, die Unverständlichkeit der Kryptowährungen.

(vergl. dazu Ponzi-Prinzip", „Imageprinzip", Luftballon-Prinzip" „Komplexprinzip" siehe Teil I)
(Quelle: Terra X History / Doku)

39. Think Big: Wie man im Internethandel reich wird oder arm

Der Abschlusstest.
Heute haben Sie ausgelernt. Ich möchte Ihnen einen Fall vor Betrug vorlegen, den ich erlebt habe, der zum jetzigen Zeitpunkt jedoch noch nicht aufgeklärt wurde. Ihre Aufgabe ist es, die kleinen Fehler zu erkennen, die der oder die Betrüger begangen hat. Ob der Betrug, der

wahrscheinlich eine Million Euro einbringen wird, geglückt oder durch die Wachsamkeit der potentiellen Opfer unterbunden werden konnte, steht im Moment nicht fest.

Sie finden auf den Marktplatzseiten von Facebook ein Wohnmobil der Luxusklasse aus dem deutschen Wohnwagenbauer-Unter-nehmen Hobby, das zum Verkauf angeboten wird. Das Schmuckstück soll elftausend Euro kosten. Das Fahrzeug hat 32.000 km Laufleistung. Die Fotos zeigen eine phantastische Inneneinrichtung. Nach der Beschreibung des Verkäufers hat es nicht einen Kratzer, es hat noch TÜV und steht im Moment in einem kleineren Ort in Schweden an der äußersten nördlichen Grenze. Der Eigentümer war früher Minister im schwedischen Kabinett. Nach seinem Ausscheiden aus der Politik hat er sich zurückgezogen und wohnt nun wieder in seinem Heimatort. Die Scheidung von seiner deutschen Frau hat zu seinem Rückzug beigetragen. Mit dem Wohnmobil verbinden ihn schöne, aber auch traurige Erinnerungen, weshalb er das Fahrzeug loswerden will.

Er bietet an, das Fahrzeug in Schweden abzuholen etwa dreitausend Kilometer entfernt, oder es ohne Aufpreis von einer renommierten, international tätigen Spedition zu Ihnen nach Deutschland bringen zu lassen. Dort können Sie es ausgiebig testen, auch bei ihrer Werkstadt überprüfen lassen und es erst bei voller Zufriedenheit zulassen.

Erst danach wird die Zahlung abgewickelt. Diese erfolgt über ein Treuhandkonto der Spedition. Ähnlich wie bei paypal, denken Sie. Sie zahlen den Kaufpreis auf dieses Konto und Ihr Geld wird dort treuhänderisch verwaltet. Der Kaufpreis wird erst dann an den Verkäufer ausbezahlt, wenn Sie zufrieden sind. Außerdem bietet die Spedition eine kostenlose Reparatur vor Ort an, falls es einen Mangel geben sollte. Das Transport- unternehmen garantiert die Lieferung in einem geschlossenen Fahrzeug innerhalb von fünf Tagen.

Um sich zu legitimieren, versendet der Verkäufer Ihnen an ihre Mail-Adresse eine Fotokopie seines Personalausweises, eine Kopie des Fahrzeugbriefes, der später jedoch fehlte, und die Webseite des Transport- unternehmens. Er weist darauf hin, dass ein weiterer Bewerber im Rennen um das Fahrzeug sei und Sie sich deshalb beeilen sollten.

Sie haben recherchiert. Der Verkäufer ist im Netz mit einer Webseite und einem Eintrag bei Wikipedia präsent. Es gibt auch das genannte Transportunternehmen und den genannten Treuhandmodus. Für die treuhänderische Verwaltung verlangt das Unternehmen fünf Prozent des Kaufpreises, also fünfhundert Euro.

Das Fahrzeug kostete vor einigen Jahren neu ca. fünfundfünfzigtausend Euro. Sie wissen, dass viele Menschen, vor allem Rentner, so ein Fahrzeug gerne besitzen wollen. Sie schätzen, dass ein Fahrer pro Arbeitsstunde mindestens vierzig Euro Kosten verursacht.

Google Maps gibt die Fahrzeit nach Deutschland mit hundertzweiundvierzig Stunden an.

Wo sind die minimalen Fehler des/der Betrüger?

Auflösung. Die Identität des vermeintlichen Verkäufers wurde gehackt. Die angebliche Kopie seines Personalausweises wurde aus übernommenen Daten und einem Foto aus dem Internet zusammengebastelt. Die Fahrzeugpapiere wurden „versehentlich" nicht mit der Mail verschickt, denn diese hätten einen Anhaltspunkt für eine Fälschung geben können.

Sehr verdächtig sollte es Ihnen vorkommen, wenn Sie gedrängt werden, sich zu beeilen, weil noch ein anderer Interessent im Spiel sei. An diesem Angebot werden nicht nur eine Person, sondern hunderte Interesse zeigen.

Nach dem Prinzip „JWD" liegt der Standort des Fahrzeuges so entfernt, dass sich kaum jemand die Mühe machen wird, dorthin zu fahren.

Die Argumentation, das Fahrzeug wegen der traurigen Erinnerungen an die gemeinsame Zeit mit der Ehefrau verkaufen zu wollen, ist schwach, aber herzerweichend. Andere Gebrauchte desselben Typs und gleicher Laufleistung werden zu Preisen von etwa dreißigtausend Euro angeboten.

Bei einer groben Kalkulation der Transportkosten, die Sie als Käufer angeblich nicht zahlen müssen, kommen Sie auf folgende Rechnung: Hin- und Rückfahrt zweimal 142 Stunden mal vierzig Euro Stundenlohn ergibt: 11.360 €, somit mehr als der Verkaufspreis. Dabei sind die Spritkosten nicht mitgerechnet.

Wo liegt das Betrugsmoment? Das ist die Treuhandkonstruktion. Bald hätte der/die Betrüger Sie aufgefordert, elftausend Euro auf dieses Treuhandkonto zu überweisen. Gehen wir davon aus, dass hundert Interessenten diesen Betrag überweisen, ergibt sich ein Gewinn von 1,1 Millionen Euro.

Es gibt keine echte Adresse, keinen validen Ausweis. Die genannten Akteure, also der Minister a.D. und die Transportfirma wissen von nichts, bei Anruf bei der Handynummer erreichen sie niemanden. Die Masche ist raffiniert und bedarf zu ihrer Enttarnung einige Kenntnisse, die Sie nun haben. Nach jetziger Rechtslage ist es der Polizei nicht möglich, außerhalb der Landesgrenzen zu ermitteln oder gar zu handeln.

Man merke: Internet-Geschäfte sind gefährlich. Wenn Sie ein Wohnmobil kaufen wollen, dann von einem Händler oder Verkäufer, der in Deutschland erreichbar ist, am besten mit Telefon, Anschrift, Handelsregistereintrag und der bei einem Besuch auch vor Ort ist.

40. Postskriptum zu Teil 2

Von schwarzen Schafen und reinen Westen.
Als der erste Band dieses Buches war, erhielt ich einige Rückmeldungen von Lesern, auch Rezensionen in

Zeitungen. Eine Leserin hatte aus dem Buch herauslesen wollen, dass letztlich alle Menschen Hochstapler und Betrüger seien. Dem ist aus biologischer Sicht nicht zu widersprechen. Mimikry, eine geschickte Anpassung an die Umwelt, gibt es im Tierreich, kleinere Flunkereien gehören zum menschlichen Leben.

Trotzdem möchte ich nicht falsch verstanden werden. Wer Tausende oder Millionen von Menschen um ihr Geld, um ihren Arbeitsplatz mit Glück im Leben bringt, der hat mein Mitgefühl nicht. Dieses Buch wurde gespeist von eigenen Erfahrungen vom Drei Hütchenspiel in Nizza über Trickdiebstahl in Mallorca, falschen Teppichen in und getürkten Rechnungen von Handwerkern in Deutschland bis zum Strukturvertrieb, von Wut und Spaß.

Möge es seinen geringen Beitrag dazu leisten, Betrug und Hochstapelei schwieriger zu machen. Sollten sich einzelne Personen oder Firmen persönlich angesprochen fühlen, so bedenken Sie, dass dies Satiren sind, also übertrieben, und nicht Sie als Person angesprochen sind, sondern nur repräsentativ für eine Gruppe von Menschen stehen.

Apropos Mimikry: Im Kohlerevier Englands fiel es Forschern auf, dass einst weiße Falter plötzlich schwarz geworden waren, und das nicht wegen des Kohlestaubs in der Luft. Die Falter, die bisher mit ihrer weißen Farbe gut getarnt waren, mussten sich der schwarz verfärbten Rinde der Birken anpassen, um nicht gefressen zu werden.

Wie mit den Faltern ist es auch bei den Menschen. Wo sich Geiz und Geldgier verbreiten, wo Wohlstand zum einzigen moralischen Ziel geworden ist, wo Freundschaft wenig, aber ein Luxusschlitten, eine Jacht oder eine Villa die einzig erstrebenswerten Lebensziele sind, da ist es auch kein Wunder, wenn aus einigen weißen, reinen Menschen schwarze Schafe werden.

41. Einige Merksätze als Zusammenfassung

1) Seien Sie kritisch, wenn ihr Geschäftspartner sehr weit weg wohnt. Rücksendungen nach Nordschweden oder China sind sehr teuer.

2) Üben Sie ein gutes Auftreten. Dazu brauchen Sie nicht unbedingt einen Trainer, ein Spiegel tut es auch. Schöpfen Sie die Schönheit und das Volumen ihrer Stimme aus. Arbeiten Sie an einer aufrechten Haltung. (Buch auf dem Kopf balancieren)

3) Seien Sie skeptisch, wenn jemand behauptet, er tue etwas aus reiner Menschen-freundlichkeit. Mit materiellen Interessen liegen Sie wahrscheinlich näher an der Wahrheit.

4) Achten Sie auf passende Kleidung. Je nachdem, ob Sie auffallen wollen, ein Geschäft abschließen wollen oder auf der Flucht sind.

5) Lassen Sie sich auch von Titeln nicht blenden. Gute Referenzen von Freunden sind besser.

6) Schauen Sie auf Etiketten von Kleidern, auf das Impressum des Herstellers (Firmensitz)

7) Nehmen Sie zu einer Vertrags-unterzeichnung einen Zeugen mit, so kann man Sie zwar ablenken, aber der den Zeugen nicht.

8) Laufen Sie keinem Guru (Börse, Religion) hinterher.

9) Scheuen Sie Firmen, die wenig Kunden und Umsatz nachweisen können, dafür umso größere Firmengebäude. (Achtung: Miete, Leasing)

10) Um den/die Partner/in zu finden, nehmen Sie sich Zeit. Nichts ist so teuer wie eine unüberlegte Entscheidung.

11) Verlangen Sie einen Kostenvoranschlag oder zumindest eine Aufschlüsselung von Kosten vor einer Auftragsvergabe an einen Handwerker. (Vorsicht bei Pauschalen)

12) Machen Sie keine Diäten. Essen Sie einfach weniger und bewegen sich mehr

13) Für Geldanlagen weiß niemand sichere Tipps. Es sei denn, die Firma gehört ihm.

14) Legen Sie ohne Diskussion auf, wenn jemand Unbekanntes sie anruft. Begrüßen Sie mit Hallo, nicht mit „Ja".

15) Wenn Sie keine 200 € pro Stunde verdienen, kaufen Sie sich keine Originalkunstwerke. Eine gute Kopie tut es auch.

16) Wenn Sie etwas Zeit übrighaben und stoßen auf ein neues Projekt, das ihre Gemeinde unbedingt beginnen

will, schreiben Sie einen Leserbrief und fragen nach dem „Wozu soll das gut sein?".

17) Unterstützen Sie keinen Krieg. Auch keine Kriegspartei. Das Geld und die Menschenleben werden verschleudert und Kriegsanleihen verlieren immer ihren Wert!

18) Lesen Sie Geschichten von Betrügern und Hochstapler, die in diesem Buch noch nicht stehen.

19) Arbeiten Sie nie für eine Firma mit Schneeballsystem. Ihre Freunde wollen Sie sicher gerne behalten.

20) Lächeln Sie über teure Restaurants, teure Autos, noch teurere Jachten, Luxusurlaube und Luxusvillen. Niemand weiß, ob die Besitzer/innen dadurch glücklicher sind als Sie.

„Das Gesetz in seiner majestätischen Gleichheit verbietet es Reichen wie Armen, unter Brücken zu schlafen, auf Straßen zu betteln und Brot zu stehlen."

Anatole France

Als die erste Ausgabe dieses Buches auf den Markt kam, habe ich manche Freunde gefragt, was sie aus dem Buch entnommen hätten. Mehrmals wurde mir gesagt, man habe begriffen, dass „Wir alle Betrüger sind". Ich muss dieser Aussage widersprechen.

Amseln, die auf den Boden picken, um den Regenwürmern vorzuspiegeln, es habe geregnet, betrügen. Der Bettler, der an der Supermarktkasse behauptet, mit einem zehn Euro Schein bezahlt zu haben, obwohl es nur fünf Euro waren, betrügt. Es kommt aber auf das Maß an.

Wenn jemand einen anderen Menschen um fünftausend Euro betrügt oder Trinkgelder in Millionenhöhe kassiert, oder wenn ein Minister Provisionen von Millionen zur eigenen Bereicherung an der Steuer vorbei manövriert, so ist das eine andere Klasse.

Mir ist daran gelegen, dass jedem Betrüger Gerechtigkeit widerfährt.

Deshalb muss der Begriff des Betrugs im Strafrecht deutlich genauer und weiter gefasst werden. Hier gibt es für den Gesetzgeber viel zu tun.

Bei der Höhe einer Strafe muss das Prinzip der Tagessätze konsequent angewandt werden. Jeder Betrug muss strafrechtlich verfolgt werden.

Literaturliste

Alexander, F.: Psychosomatische Medizin, de Gruyter-Verlag, Berlin New York 1971

Alt, Ulrike, Hochstapeln und Tiefstapeln: Das Impostor-Syndrom, in Mind Magazin 1554 (Hrsg.: Mensa in Deutschland e.V.) Juni 2023, S. 30-33.

Von Arnim, Hans Herbert, Die Deutschlandakte, Bertelsmann, München 2008

BNN am 21.2.23 über „Betrüger steht vor Gericht". (Corona)

(BNN, 14.7.23) Auf der Spur der falschen Meister. Das Problem mit Fälschungen in der Kunstbranche)

Bourdieu, P.: Die feinen Unterschiede, Suhrkamp-Verlag, Fft 1982, (3.Auflage)

Bourdieu, P.et al.: Das Elend der Welt, UTB-Verlagsgesellschaft, Konstanz, 2. Aufl. 2010

Dohmen, Caspar, Let's make money, orange press, Freiburg 2008

Enzensberger, H.M.: Mittelmaß und Wahn, Suhrkamp-Verlag Fft 1991

Quelle: Focus Online(https://praxistipps.focus.de/wirecard-skandal-einfach-erklaert-so-lief-der-betrug-ab_147154)

Hans Magnus Enzensberger, Eine Experten-Revue in 89 Nummern, S. 307-310, Suhrkamp Berlin 2023

Friedrichs,J. Gestatten Elite, Piper 2008

(Quelle: https://www.grammarly.com/blog/notable-people-imposter-syndrome/ (über John Steinbeck)

Galleano, E.: Die offenen Adern Lateinamerikas, Die Geschichte eines Kontinents, Hammer-Verlag, Wuppertal 2003(18.Auflage)

Guérot, U. / Ritz. H., Endspiel Europa, Westend-Verlag, Fft 2022, s. 126-140.

Yuval Noah Harari, Homo Deus, Eine Geschichte von Morgen, C.H Beck Verlag, München 2017 sowie weitere Bücher des Autors.

Heuser,J. u. Jungclaussen,J. (Hrsg), Schöpfer und Zerstörer, Große Unternehmer und ihre Momente der Entscheidung, Zeit/Rowohlt, Paperback, Reinbek 2004, S. 138 ff

Hayakawa, S.I., Allgemeine Sematik, Darmstädter Verlag 1967

King, R.,Zum Frühstück ins Freie, Manet, Monet und die Ursprünge der modernen Malerei, Random House, München 2008

Menasse, R.: Die Hauptstadt, Suhrkamp, Berlin 2017

Montagu, A.,Körperkontakt. Die Bedeutung der Haut für die Entwicklung des Menschen, Klett-Cotta Verlag

Vance Packard, Die geheimen Verführer, Der Griff nach dem Unterbewussten in jedermann, Econ Verlag, Düsseldorf, 1958

Poignee, Hans Albert, Die Sprache der Alkohol.- und Zigarettenindustrie, unveröffentlichte Examensarbeit im Fachbereich Germanistik, Universität Freiburg.

Poignee Hans Albert, Maskenball im Internet, Ein Mann und 44 Frauen, BoD, 2023

Pilger, J., Verdeckte Ziele, Über den modernen Imperialismus, 2001-Verlag, Fft 2004

Platon, Gorgias, Reclam-Ausgabe

Schmid, R.: Unser aller Grundgesetz, Praxis und Kritik, Fischer-Verlag Fft 1971

Störig, H.J., Kleine Weltgeschichte der Philosophie 2, Kohlhammer, Hamburg 1976, 8. Auflage, S. 120 ff

Sloterdijk,P., Du musst dein Leben ändern, Suhrkamp, Fft, 2009, S. 205 ff

Terra X History / Doku / Most wanted – Geld, Gier, Größenwahn Video verfügbar auf ZDF-Mediathek bis 1.7.28

Quelle: (1) und (2) (https://www.swr.de/swraktuell/baden-wuerttemberg/stuttgart-21-kosten-chronologie-100.html) SWR aktuell

Trentmann, F., Herrschaft der Dinge, Die Geschichte des Konsums vom 15.Jahrhundert bis heute, DVA, München 2018, 2. Aufl.

Die Welt: https://www.welt.de/geschichte/zweiter-weltkrieg/article152363294/Mit-einem-Trick-vervielfachte-Rommel-seine-Panzer.html

https://www.welt.de/kultur/article225636621/Philosophen-Ranking-Von-wegen-Dichter-und-Denker.html

Wieczorek, Th., Die verblödete Republik, Wie uns Medien, Wirtschaft und Politik für dumm verkaufen, Knauer Verlag, München, 2009, S. 112f.

https://de.wikipedia.org/wiki/Zentralafrikanische_Republik#Militär (Über Präsident B)

Belletristik

Lewinsky, Charles: Der Stotterer, Diogenes-Verlag, Zürich 2019 (Ein Stotterer schreibt Liebesbriefe)

Vargas, Llosa; Das Fest des Ziegenbocks, Suhrkamp-Verlag Fft 2002(über die Dominikanische Republik)

Vargas,Llosa; Harte Jahre, Suhrkamp-Verlag Fft, 2021 (über Guatemala)

Filme

Catch me, if you can (mit Leonardo die Caprio in der Hauptrolle)

Der talentierte Mr. Ripley (mit Mat Demon)

Claude Chabrol, Monsieur Verdoux (mit Charly Chaplin in der Hauptrolle) Arthaus-Kollektion

Der Hochstapler Felix Krull, unvollendeter Roman von Thomas Mann, verfilmt mit Horst Buchholz

Dokumentation über das Leben von Gert Postel, https://www.youtube.com/watch?v=E2JqKLpEa4A

The Wolf of Wall Street, von Martin Scorsese, 2013 (über Jordan Belfort)

Tricks, Lügen, Betrügen, Stehlen, immer wieder. Von Regisseur Ridley Scott, mit Nicolas Cage und Sam Rockwell in den Hauptrollen

Der Autor

Der Autor hat Germanistik, Politische Wissenschaften, Französisch, Pädagogik, Betriebswirtschaft und Wirtschaftsinformatik in Freiburg, Marburg und Karlsruhe studiert und hat in pädagogischer Psychologie an der Universität Osnabrück promoviert. Er hat eine Ausbildung als Körpersprache- und Persönlichkeitstrainer am GAME-Zentrum in Freiburg absolviert sowie Kurse in Mediation an der Fernuniversität Hagen. Für die MENSA i.D. hat er einen „Flirt-Kurs für Nerds" geleitet und einen Vortrag über „Chancen und Gefahren des Spirituellen Wachstums" gehalten. Er veröffentlichte mehrere Sach- und Belletristik Bücher. (s.u.)

Veröffentlichungen von Dr. Hans Poignée

Der Marabut, Novelle, nur beim Autor

Theraplay als therapeutischer Ansatz für die schulische Arbeit mit Verhaltensgestörten, Peter Lang Verlag, Europäische Hochschul-schriften, Fft 1997

XRAY-YANKEE-ZULU. Bericht des Killers James Rico, politischer Krimi,Bod 2016

Multimedia im Unterricht, Chancen und Probleme, Tectum-Verlag,2005

Die sieben Leben des Albert Lejeune, Schelmenroman, Bod 2017

Essay über die Regression und Therapie, Über die Ähnlichkeit von Wahn, Rausch und religiöser Ekstase ,Bod 2014

Schatzkästlein für den Badischen Hausfreund, Bod 2017

Der Tote im Baggersee. Ein Ettlingen Krimi und Sozialgeschichte Ettlingens von 2010-2020, Bod 20ß12

Maskenball im Internet, Ein Mann und 44 Frauen, BoD, 2023

Zeitfracht Medien GmbH
Ferdinand-Jühlke-Straße 7
99095 Erfurt, Deutschland
produktsicherheit@kolibri360.de